- Série Engenharia de Manutenção - Série Engenharia de Manutenção - Série Engenharia de Manutenção -

Gil Branco Filho

Indicadores e Índices de Manutenção

- Série Engenharia de Manutenção - Série Engenharia de Manutenção - Série Engenharia de Manutenção -

Indicadores e Índices de Manutenção

Copyright© 2006 Gil Branco Filho. Depósito efetuado na Biblioteca Nacional, conforme legislação vigente.

Direitos desta edição reservados ao autor e à Editora Ciência Moderna.

Todos os direitos de publicação e comercialização para a língua portuguesa reservados ao autor e à Editora Ciência Moderna.

Nenhuma parte deste livro poderá ser reproduzida, transmitida e gravada, por qualquer meio eletrônico, mecânico, por fotocópia e outros, sem a prévia autorização, por escrito, do autor e da Editora. (Lei 9.610/98; Artigo 29; Incisos de I até X).

Editor: Paulo André Pitanga Marques
Capa e Diagramação: Patricia Seabra
Revisão de Provas: Camila Cabete Machado

APOIO:

abraman
associação brasileira de manutenção

COMITÉ ARGENTINO DE MANTENIMIENTO
Miembro de la Federación Iberoamericana de Mantenimiento

Várias **Marcas Registradas** aparecem no decorrer deste livro. Mais do que simplesmente listar esses nomes e informar quem possui seus direitos de exploração, ou ainda imprimir os logotipos das mesmas, o editor declara estar utilizando tais nomes apenas para fins editoriais, em benefício exclusivo do dono da Marca Registrada, sem intenção de infringir as regras de sua utilização.

FICHA CATALOGRÁFICA

Branco Filho, Gil *Indicadores e Índices de Manutenção* Rio de Janeiro: Editora Ciência Moderna Ltda., 2006 Engenharia de Manutenção I – Título ISBN: 85-7393-491-3	 CDD 621.8

Editora Ciência Moderna Ltda.
R. Alice Figueiredo, 46 – Riachuelo
Rio de Janeiro, RJ – Brasil – CEP: 20.950-150
Tel: (21) 2201-6662/ Fax: (21) 2201-6896
http://www.lcm.com.br
lcm@lcm.com.br

Agradecimentos

Esta obra é o resultado de décadas de trabalho em manutenção e a evolução e consolidação de textos aplicados a partir da grande experiência adquirida em treinamentos, onde a cobrança dos treinandos sobre como medir o resultados sempre está presente, nos orientando na busca de obter informação atualizada e coerente.

Em 1963, na Panair do Brasil, já usávamos indicadores, mas eu não tinha a base do conhecimento para entender direito o "porquê" de certas medições

Assim, devo registrar meu agradecimento especial aos primeiros instrutores em Planejamento e Controle de Manutenção (1977 e 1979) de onde veio meu primeiro encontro com as técnicas de estimar, medir o trabalho e comparar os resultados medidos para poder verificar o que se obteve. Ali, diversos conhecimentos obtidos no dia-a-dia foram sistematizados. Os instrutores estão aqui citados em ordem alfabética: Lourival Augusto Tavares, Manoel Coelho Segadas Viana e Marco Aurélio de Paula Valle. Lógico que outros também vieram depois. Mas, os primeiros sempre foram e serão os primeiros.

Em 1982 aplicamos nosso primeiro material didático para treinamento no IBP num curso de Gerência de Manutenção, naquela época com quatro semanas e diversos instrutores.

Agradecimento especial a Aldo Zucca que em 1984, pelo IBP, efetuou a primeira pesquisa brasileira sobre indicadores, na sistemática que se tornou, mais tarde, o Documento Nacional – Situação da Manutenção no Brasil que passou a ser pesquisado e editado pela Abraman que mantém, em sistemática bienal, as informações atualizadas até esta data.

Depois de muito trabalho e anos de amadurecimento, tive a coragem de fazer um texto didático só sobre indicadores para um curso de 16 horas. Com o passar do tempo houve o amadurecimento da apostila que melhorou com as observações de alunos em sala e por e-mails recebidos com as recomendações de colegas.

Agradeço a Abraman que autorizou o uso da informação do Documento Nacional, e que também autorizou o uso de sua marca gráfica na capa, validando este trabalho

Agradeço a Joubert Flores Filho, Eduardo Seixas que fizeram o primeiro livro sobre Indicadores de Manutenção, que tive conhecimento, em língua portuguesa, Brasil.

Agradeço àquele que sempre está ao lado de gente e da Abraman e que continua não querendo ser citado.

O esboço da obra também foi mostrado ao CAM – Comite Argentino de Mantenimiento na pessoa do Eng. Rubem Edgardo Sambade e Eng. Carlos Marchio e que, do mesmo modo que a Abraman, avaliou o trabalho, avalizou-o e autorizou o uso de sua marca gráfica na capa.

Agradeço a Luiz Tavares de Carvalho que me honrou com o prefácio, a Julio Nascif pelo seu comentário na quarta capa e a Haroldo Ribeiro pela ajuda na parte de TPM.

Agradeço a Editora Ciência Moderna, nas pessoas do Paulo André e do George, que não mediram esforços para imprimir, revisar, reclamar (até de mim que atrasei uma parte) e só sossegaram quando produzimos o livro em tempo recorde.

Finalmente, o mais importante agradecimento àquela que revisou, releu, comentou, criticou, incentivou, cobrou qualidade e coerência em alguns assuntos, apoiou este trabalho e está a meu lado a 46 anos: Ivone.

Em 26 de outubro de 2006.

Gil Branco Filho
gilbranco@gmail.com

Nota do Autor

Este trabalho descreve procedimentos para obtenção de Indicadores de Performance da Manutenção no desempenho de sua função bem como procedimentos para montar códigos e alguns métodos de cálculo para a obtenção de índices que possam comparar o desempenho de máquinas e de equipes de manutenção.

Estes indicadores, quer sejam de Capacitação ou de Desempenho, de Controle ou Verificação, Chaves ou Parâmetros Básicos estão descritos e discutidos adiante.

Os conceitos básicos e os índices estão separados por assunto, discutidos e divididos em capítulos, conforme o assunto que estudam e medem, bem como descrevemos alguns Indicadores de Capacidade de Produção que devem ser associados com Indicadores de Capacidade da Manutenção para cumprir suas tarefas e manter a capacidade produtiva.

Prefácio

Escrever um livro é, antes de tudo, um ato de amor ao próximo, uma doação à sociedade, uma contribuição aos segmentos produtivos, um respeito ao país. Tanto mais valiosas são estas ações, quanto mais árida e mais complexa é a área investigada.

A ciência manutenção, fundamental na atualidade tecnológica e gerencial dos sistemas de manufatura, ainda se ressente com indefinições quanto a conceitos e formas de medição, o que impede a sua análise, avaliação e comparação quanto aos indicadores chaves de desempenho.

O livro que agora vem a lume, dá seqüência a publicações anteriores, traduzindo a pesquisa de diferentes correntes teóricas e aplicações práticas, conciliando conceitos e definições que desafiam os limites da interpretação e dando significado a dados isolados e a expressões matemáticas inertes.

A reunião, a discussão, o desenho da lógica e o estabelecimento da base científica para a multiplicidade de conceitos e a pluralidade de índices resultou num conjunto amplo, atual e harmônico de definições e indicadores.

A partir desta publicação, passa o mercado em geral e os estudiosos de manutenção em particular, a dispor de um elemento de consulta e de uma fonte de referência que lhes permite a informação, a pesquisa e a comparação de resultados, com o conseqüente estabelecimento de políticas que otimizem a gestão dos ativos dos seus complexos industriais.

Obrigado Gil, pela obra com a qual você nos presenteou.

24 de outubro de 2006

Luiz Tavares de Carvalho
Diretor de Projetos Câmbios e Engrenagens da DaimlerChrysler do Brasil Ltda.
Diretor Nacional da Abraman (Biênio: 2005/2007)

Sumário

Capítulo 1 – *Introdução aos Indicadores e Índices* 1

    1.1 – Definições 2
    1.2 – O Computador, os Indicadores e CMMS 3
    1.3 – Empresas com Manutenção Informatizada no Brasil 4
    1.4 – Indicadores mais Usados 5
    1.5 – Tipos de Indicadores 6
    1.6 – Estudo sobre Qualidade 14
    1.7 – Qualidade Total e seus Componentes 17
    1.8 – Itens de Controle e Verificação 18
    1.9 – O que É Meta 22
    1.10 – Para que Serve um Programa de Planejamento e Controle de Manutenção? 24
    1.11 – Porque Usar Indicadores ou Índices de Manutenção Padronizados? 25

Capítulo 2 – *Construção de Códigos para Índices* 27

    2.1 – Resumo 27
    2.2 – Introdução 27
    2.3 – Regra de Formação 27
    2.4 – Alcance do Código 28
    2.5 – Significado das Letras 29
    2.6 – Anormalidades de Uso Consagrado 30
    2.7 – Alguns Exemplos do Potencial do Código 31
    2.8 – Recomendações 32

Capítulo 3 – *Indicadores de Capacitação da Manutenção* 35

    3.1 – Resumo 35
    3.2 – Algumas Definições 35
    3.3 – Introdução 36
    3.4 – Total de Executantes Certificados 36
    3.5 – Percentual de Executantes Certificados 37
    3.6 – Total de Horas em Treinamento do Pessoal 37
    3.7 – Percentual de Horas em Treinamento do Pessoal 38
    3.8 – Total de Horas Usadas em Treinamento Técnico Afim 38
    3.9 – Percentual de Horas Usadas em Treinamento Técnico Afim 39

3.10 – Total de Horas Usadas em Treinamento Técnico não Afim 39
3.11 – Percentual de Horas Usadas em Treinamento Técnico não Afim 40
3.12 – Total de Horas Usadas em Treinamento não Técnico 40
3.13 – Percentual de Horas Usadas em Treinamento não Técnico 41
3.14 – Total de Colaboradores Treinados 41
3.15 – Percentual de Colaboradores Treinados 42
3.16 – Custo do Treinamento em Unidades Monetárias 42
3.17 – Percentual de Custo do Treinamento na Manutenção 43
3.18 – Total de Procedimentos de Manutenção Padrão Necessários 43
3.19 – Total de Procedimentos de Manutenção Padrão Existentes 44
3.20 – Percentual de Procedimentos de Manutenção Padrão no Sistema 44
3.21 – Total de Equipamentos com PMP Necessários 45
3.22 – Percentual de Equipamentos com PMP no Sistema 45
3.23 – Total de Ferramentas Existentes na Manutenção 46
3.24 – Total de Ferramentas Especiais Necessárias 46
3.25 – Total de Ferramentas Especiais Existentes 46
3.26 – Percentual de Ferramentas Especiais Existentes 47
3.27 – Custo das Ferramentas de Uso Normal Existentes 47
3.28 – Custo das Ferramentas Especiais Existentes 47
3.29 – Custo Total das Ferramentas Existentes na Manutenção 48
3.30 – Idade Média das Ferramentas 48
3.31 – Idade Média das Máquinas Usadas na Manutenção 48
3.32 – Comentários Sobre este Capítulo 49

Capítulo 4 – *Indicadores da Capacidade Produtiva* 51
4.1 – Objetivo 51
4.2 – Medições da Capacidade da Manutenção com a Produção 51
4.3 – Medição da Capacidade Instalada 52
4.4 – Medição da Capacidade Requerida 52
4.5 – Medição do Percentual Utilizado da Capacidade Instalada 53
4.6 – Medição Percentual não Utilizado da Capacidade 54
4.7 – Performance Global dos Equipamentos 54
4.8 – Eficiência dos Equipamentos 56
4.9 – OEE ou Eficiência Global dos Equipamentos 56
4.10 – Medição por TEEP 61

Capítulo 5 – *Indicadores de Desempenho de Máquinas* 63
5.1 – Introdução a Indicadores de Máquinas 64
5.2 – Disponibilidade de Equipamentos 64
5.3 – Indisponibilidade de Equipamentos 67
5.4 – Disponibilidade com Manutenção Preventiva e Corretiva 68
5.5 – Disponibilidade Operacional Aparente ou Percebida 69
5.6 – Disponibilidade Operacional Aparente Usada 71
5.7 – Tempo Médio Entre Falhas 74
5.8 – Tempo Médio para a Falha 74
5.9 – Como Calcular o Tempo Médio entre Falhas 76
5.10 – Tempo Médio de Perda da Função 76

5.11 – Como Calcular o Tempo Médio para Reparo 77
5.12 – Como Calcular a Disponibilidade com o TMEF e o TMPR 78
5.13 – Tempo Médio para Restaurar a Função 79
5.14 – Taxa de Falha Observada 79
5.15 – Taxa de Reparo 81
5.16 – Confiabilidade 82
5.17 – Confiabilidade e a Distribuição de Weibull 84
5.18 – Mantenabilidade 85
5.19 – Considerações Sobre Algumas Fórmulas 86

Capítulo 6 – *Indicadores de Mão-de-Obra* 89
    6.1 – Considerações Preliminares 89
    6.2 – Eficiência da Supervisão e Programação 90
    6.3 – Eficiência da Equipe de Preventiva 90
    6.4 – Capacidade de Absorção de Trabalho 91
    6.5 – Percentual de Utilização em Trabalhos de Manutenção Preventiva 92
    6.6 – Percentual de Utilização em Trabalhos de Manutenção Preditiva 92
    6.7 – Percentual de Utilização em Trabalhos de Manutenção Corretiva 93
    6.8 – Percentual de Utilização em Trabalhos de Emergência 93
    6.9 – Percentual de Utilização em Trabalhos Estranhos à Manutenção 94
    6.10 – Percentual de Utilização Total em Manutenção 94
    6.11 – Excesso de Serviço do Pessoal de Manutenção 95
    6.12 – Estrutura de Envelhecimento e Idade do Pessoal 96
    6.13 – Estrutura de Envelhecimento Tempo para Aposentadoria 97
    6.14 – Estrutura de Envelhecimento Tempo de Casa 97
    6.15 – Clima Social 98
    6.16 – Turnover em Manutenção 98
    6.17 – Absenteísmo 100
    6.18 – Backlog 100
    6.19 – Sugestão Sobre Modo de Apresentar Backlog em Relatório 116

Capítulo 7 – *Indicadores Financeiros da Manutenção* 119
    7.1 – Introdução aos Indicadores Financeiros 119
    7.2 – Custo Total de Manutenção 120
    7.3 – Custo de Manutenção por Unidade Produzida 120
    7.4 – Custo de Manutenção por Faturamento Bruto 121
    7.5 – Custo de Manutenção Sobre Investimento Total 122
    7.6 – Custo do Pessoal da Manutenção 123
    7.7 – Custo Relativo do Pessoal de Execução 123
    7.8 – Custo do Pessoal Disponível 124
    7.9 – Custos do Hh em Atividades Extra Manutenção 124
    7.10 – Custo do Hh Total em Manutenção 125
    7.11 – Custo das Horas de Manutenção Preventiva 125
    7.12 – Custo das Horas de Manutenção Corretiva 126
    7.13 – Custo Unitário da Hora de Manutenção 126
    7.14 – Custo Unitário da Hora de Manutenção Preventiva 127
    7.15 – Custo Unitário da Hora de Manutenção Corretiva 127

7.16 – Custo do Material Gasto em Manutenção 127
7.17 – Custo dos Materiais Gastos em Manutenção Preventiva 128
7.18 – Custo dos Materiais gastos em Manutenção Corretiva 128
7.19 – Custo de Sobressalentes Gastos em Manutenção Preventiva 129
7.20 – Custo de Sobressalentes Gastos em Manutenção Corretiva 129
7.21 – Custo de Manutenção Total 129
7.22 – Custo Percentual da Hora de Manutenção Preventiva 130
7.23 – Custo Percentual da Manutenção Preventiva 130
7.24 – Custo Percentual da Manutenção Corretiva 131
7.25 – Custo das Horas em Treinamento 131
7.26 – Percentual de Custo em Treinamento na Manutenção 131
7.27 – Custo das Ferramentas Especiais 132
7.28 – Custo Total das Ferramentas Existentes na Manutenção 132
7.29 – Outros Custos que Podem Ser Calculados 132
7.30 – Atenção 133

Capítulo 8 – *Indicadores de Gerência de Material* 135

8.1 – Introdução 135
8.2 – Sobre os Sobressalentes Recuperados 135
8.3 – Capital Total Imobilizado em Sobressalentes 136
8.4 – Capital Total Imobilizado em Almoxarifado 136
8.5 – Capital Percentual Imobilizado em Sobressalentes 137
8.6 – Rotatividade de Sobressalentes 137
8.7 – Sobressalentes Descartados 138
8.8 – Valor dos Sobressalentes Descartados 138
8.9 – Percentual de Sobressalentes Descartados 139
8.10 – Observação 139

Capítulo 9 – *Relatórios de Manutenção* 141

9.1 – Finalidade e Objetivos 141
9.2 – Recomendação de Indicadores em Relatórios 142

Capítulo 10 – *Leitura Complementar* 145

Capítulo 1

Introdução aos Indicadores e Índices

Uma empresa possui ativos que foram adquiridos para produzir bens e garantir a sobrevivência da empresa dentro da realidade do mercado competitivo.

Uma equipe de manutenção, em qualquer nível, tem como finalidade prestar serviços, serviços de manutenção, e zelar para que as máquinas estejam sempre nas melhores condições produtivas para que a empresa tenha a maior lucratividade possível.

O que aqui tratamos é como medir este desempenho e avaliar esta inter-relação.

As solicitações para as equipes de manutenção tem sido para que conduzam seu trabalho como se fosse um negócio, mas muito raramente os resultados e a performance é medida como se fosse realmente um negócio. Esta performance não é medida realmente como se fosse um negócio real.

Alguns dos Gerentes de Manutenção afirmam que não possuem nenhum controle ou que possuem pouco controle sobre o tempo de funcionamento dos equipamentos, e que os tempos de parada ou tempo em falha, onde a máquina não produz, é apenas um resultado do uso excessivo dos equipamentos feito pelo pessoal de produção e que estas quebras não devem ser relacionadas com procedimentos inadequados de manutenção.

Uma grande dificuldade de algumas equipes de manutenção é saber como estão as máquinas onde prestam serviços, comparar umas máquinas com outras e ainda saber como a equipe esta realizando as tarefas propostas. Comparar o que foi feito com o que foi preestabelecido. Outra dificuldade é fazer com que as coisas aconteçam no momento mais adequado, de uma forma ordenada e planejada para a máxima eficiência, medir o que foi feito e comparar com o que desejávamos.

A grande parte dos Diretores e Gerentes de Produção desejam que a manutenção seja medida ou avaliada dentro de valores do parâmetro de tempo de funcionamento da linha ou das máquinas.

Infelizmente a manutenção é, na maior parte das vezes, medida pelo tempo que a equipe leva para colocar as máquinas de volta em serviço após as falhas que levaram à perda de função.

2 | Indicadores e Índices de Manutenção

Para resolver o que foi discutido acima é preciso ter conhecimento do que poderá acontecer e estar preparado para o evento com sobressalentes, materiais e mão de obra treinada e programada.

Para ter o processo de manutenção sob controle devemos ter domínio sobre o que poderá acontecer, sobre o que está acontecendo e ter condição de interferir para corrigir desvios eventuais. Só é possível manter um processo sob controle quando se tem o domínio tecnológico sobre ele. Nós precisamos ter domínio tecnológico sobre os nossos processos de manutenção.

Assim posto, se pretendemos discutir sobre "Índices de Manutenção", vamos supor que a empresa pretenda que a mão de obra seja bem aproveitada e que os atendimentos sejam feitos de uma forma, repito, "ordenada, planejada, no momento adequado, com os materiais e sobressalentes necessários, e com mão de obra treinada e disciplinada e com tarefas padronizadas".

Para que isto aconteça é preciso que todos pratiquem a qualidade total e que exista um bom PCM (Planejamento, Programação e Controle dos Serviços de Manutenção).

Todos os negócios tem um ponto de equilíbrio. A manutenção também tem o seu ponto equilíbrio.

Ainda que os Gerentes e Supervisores atuem fortemente no controle de seus orçamentos e consigam se manter abaixo dos gastos estimados, deveremos perguntar: o que é que nos manutenção e nós empresa perdemos com isto?

Perdemos em Disponibilidade da Instalação e da linha de produção?

Perdemos em Qualidade do Produto?

Perdemos em Quantidade na Produção?

Ou, ainda, perdemos na eventual Redução da Capacidade de Produção?

Se estes parâmetros não forem medidos dentro da manutenção, como é que poderemos realmente saber se a manutenção está com perda zero?

1.1 – Definições

A seguir colocamos duas definições, conforme pesquisa efetuada.

Indicadores: (1) – Aqueles que indicam. (2) – Dados estatísticos relativos a uma situação. – (3) - Dados numéricos estabelecidos sobre alguns processos que queremos controlar.

Indicadores de Manutenção: Dados estatísticos relativos a um ou diversos processos de manutenção que desejamos controlar. Usados para comparar e avaliar situações atuais com situações anteriores. Servem para medir o desempenho contra metas e padrões estabelecidos.

Índice: (1) – Indicação numérica que serve para caracterizar uma grandeza. – (2) - Relação entre os valores de qualquer medida ou gradação.

Índices de Manutenção: Relação entre valores e medidas numa empresa, sobre a manutenção, para avaliar situações atuais com situações anteriores. Servem para medir o desempenho contra metas e padrões estabelecidos.

1.1.1 – Comentários

Conforme acima definido, o TRPT e o TOPT seriam indicadores, pois são dados estatísticos proveniente de medições e não interrelacionados com outros dados.

Note: TRPT é o código que usarei para o tempo de reparo total de um item, equipamento ou sistema.
TOPT é o código que usarei para tempo de operação total de um equipamento, item ou sistema.
Do mesmo modo, Disponibilidade seria uma índice, pois é obtido pela relação entre os dois indicadores acima citado.
Independente desta pequena diferença usaremos os nomes de modo indistinto nesta obra.

1.2 – O Computador, os Indicadores e CMMS

CMMS é a sigla de "Computerized Maintenance Management System" ou Sistema de Gerenciamento da Manutenção Computadorizado.

Uma das características de CMMS, que se espera, é fornecer relatórios padrão, pesquisas e questionamento mostrando estatísticas sobre custos, desempenho de máquinas, desempenho de linhas e sobre o que mais se deseje controlar.

Por exemplo, espera-se que o seu "soft" possa fornecer dados estatísticos sobre Manutenção Preventiva, Manutenção Corretiva, Manutenção Preditiva ou qualquer combinação destes assuntos, seus percentuais e seus custos, e dados sobre os equipamentos mantidos.

O seu programa especialista em PCM deve mostrar, ainda, todas as informações sobre as Ordens de Serviço (OS), o custo da cada uma delas, o material consumido em cada uma delas, tempo gasto no atendimento de cada O.S. bem como o tempo de máquina parada, não importando se houve perda de produção, e destacando todas as perdas de produção, onde houver perda devido a manutenção.

Não podemos esquecer que maquinas paradas também reduzem a entrada de capital devido a não produção de bens que poderiam ser vendidos e com isto aumentam os custos operacionais, aumentando perdas financeiras.

O seu CMMS deve estar apto a demonstrar o que aconteceu a qualquer momento e gerar relatórios sobre todas as variáveis necessárias ao bom gerenciamento da manutenção nas empresas e particularmente sobre o material gasto, os sobressalente, seus custos e suas quantidades.

Se este monitoramento e controle não for feito de modo adequado pelo "soft" especialista ou pelo módulo certo em seu Programa Corporativo (ERP), inevitavelmente teremos um aumento na carga de trabalho no PCM.

A equipe de Planejamento e Controle de Manutenção será solicitado a processar dados em paralelo e em separado, aumentando sua carga de trabalho e desvirtuando de sua função de planejar.

Esta carga adicional, além de ser muito dispendiosa, poderá criar relutância para a implementação de sistemas de medidas de performance, de indicadores adequados e do monitoramento das atividades de manutenção e das conseqüências destas atividades para a empresa como um todo.

Os indicadores podem ser enquadrados como dados essenciais ou chaves para o gerenciamento da manutenção, tanto em gestão conjunta do negócio (operação e manutenção em conjunto) como gestão da manutenção em máquinas, custos, mão de obra, material, saúde, segurança e meio ambiente.

4 | Indicadores e Índices de Manutenção

Deste modo, os indicadores devem ser adaptados para a estratégia organizacional, devem ser um conjunto balanceado de indicadores amigáveis e fáceis de serem compreendidos e usados.

Os indicadores devem ser obtidos diretamente de seu CMMS, de seu "soft" especialista.

Os indicadores devem ser desenvolvidos para monitorar o que se está fazendo e, se o que se faz, se enquadra dentro da estratégia organizacional da empresa.

1.3 – Empresas com Manutenção Informatizada no Brasil

A seguir está uma tabela sobre as manutenções informatizadas, conforme consta no Documento Nacional, Situação da Manutenção no Brasil, edição 2005, reproduzido com permissão da Abraman.

1.3.1 – Empresas que Usam Informática na Manutenção

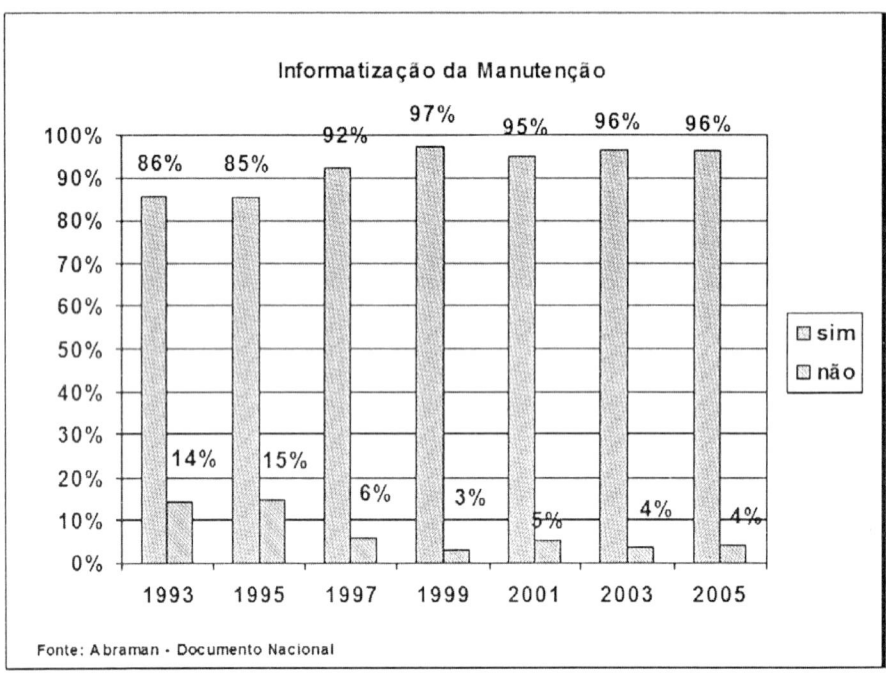

Figura 1.01

1.3.2 – Empresas que Usam Apenas Planilhas

A seguir está um gráfico para chamar a atenção de que existe uma grande quantidade de empresas informatizadas, e paralelamente existe um aumento de empresas informatizadas que apenas usam planilhas eletrônicas para o processamento da informação na manutenção.

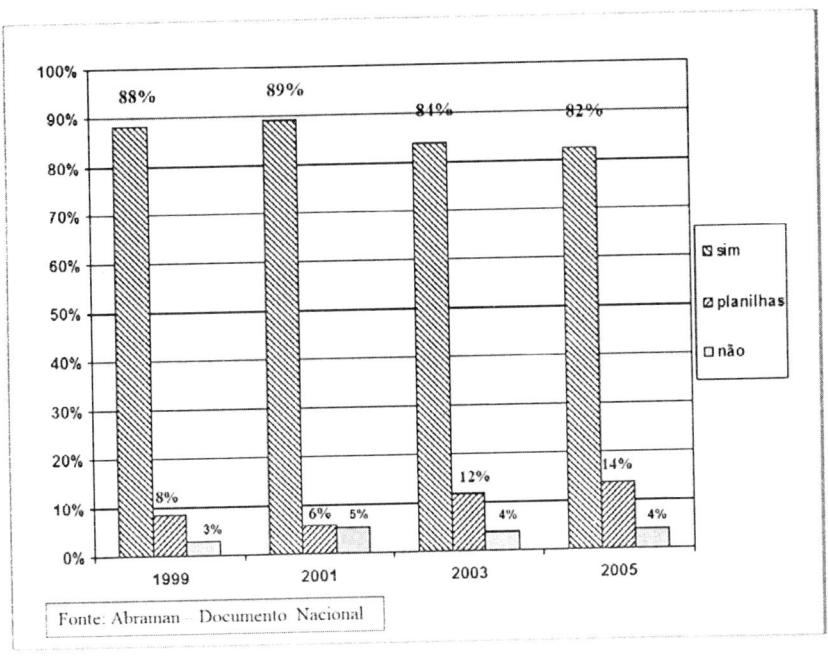

Figura 1.02

1.4 – Indicadores mais Usados

A seguir está um gráfico, sobre os indicadores mais usados no Brasil, conforme consta no Documento Nacional, Situação da Manutenção no Brasil, edição 2005, reproduzido com permissão da Abraman.

Indicadores e Índices de Manutenção

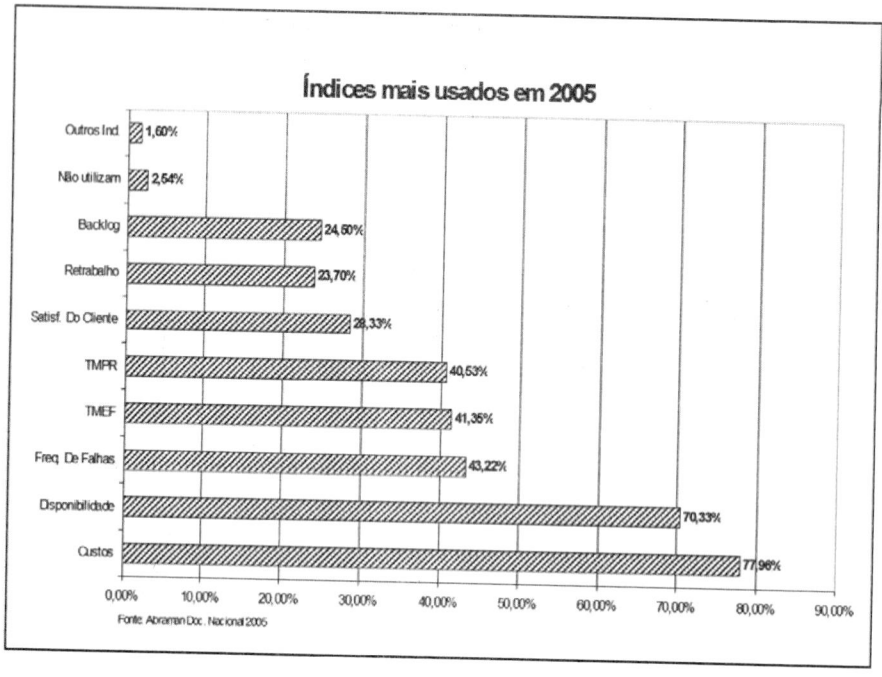

Figura 1.03

1.5 – Tipos de Indicadores

Os Indicadores, de um modo geral, podem ser divididos e subdivididos de várias maneiras, em várias categorias, de diversos modos, considerando o que se pretende.

Evidentemente, em alguns casos, o mesmo indicador, calculado do mesmo modo, pode ser enquadrado em uma ou outra categoria.

Veja, como exemplo: durante a fase de implantação de Programa de Planejamento e Controle de manutenção, durante a informatização, o levantamento de máquinas nas áreas, também chamado Fase de Cadastramento, o desempenho do grupo de cadastramento poderá ser avaliado pelo percentual de máquinas já cadastradas.

Outro exemplo: o total de Instruções de Manutenção (documentos criados para orientar o executante sobre a maneira correta de fazer as tarefas) que forem gerados pela equipe encarregada confeccioná-los, bem como o percentual deles, poderá ser um modo de avaliar o desempenho da equipe encarregada de registrar e detalhar estes documentos.

No entanto, após a implantação do PCM, esta mesma relação, este mesmo índice ou indicador será usado como indicador de capacitação, ou seja, o quanto a minha equipe já possui de facilidades de executar uma tarefa corretamente.

Assim, aqui nós vamos dividir os indicadores em dois grupos, que não são excludentes, mas os mesmos indicadores, normalmente, podem ser nominados pelos dois modos e contidos nos dois grupos que citamos a seguir.

Capítulo 1 – Introdução aos Indicadores e Índices | **7**

Grupo 1 – Indicadores de Capacitação e Indicadores de Desempenho.
Estes indicadores apontam o que a equipe é capaz de fazer e também indicam como a equipe está fazendo o que sabe fazer.
Grupo 2 – Indicadores de Performance e seus Parâmetros.
Estes indicadores servem para indicar se as estratégias de manutenção estão sendo bem sucedidas ou se devem ser reorientadas ou mudadas.

1.5.1 – Grupo 1 – Indicadores de Capacitação e Desempenho
Como já mencionamos, medem a capacitação e o desempenho da equipe.

1.5.1.1 – Gráfico de Visualização Indicadores do Grupo 1
A seguir um gráfico para visualização do conceito e para melhor entendimento.

Note que a divisão feita é apenas para exemplo e que poderia ser usados outros indicadores nomes ou títulos na caixinha. Pretende-se apenas passar o conceito.

Evidentemente você poderá dividir de outro modo.

Este gráfico salienta e facilita este conceito aqui introduzido.

Entenda que existem outras montagens possíveis com outras visões e outras medições.

Aqui estamos usando esta divisão por ser mais básica.

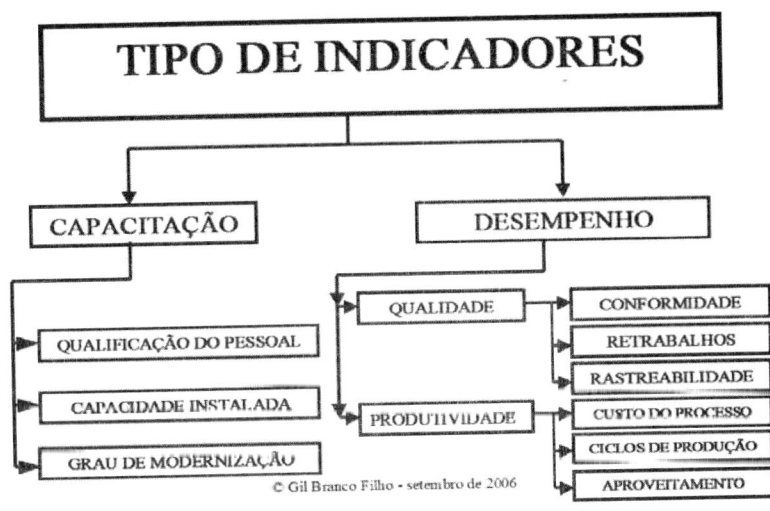

Figura 1.04

1.5.1.2 – Indicadores de Capacitação

Os indicadores de Capacitação indicam o que uma equipe está apta a fazer, ou melhor, medem o que somos capazes de fazer. Medem o quanto estamos capacitados, para o que e como estamos habilitados ou preparados, capacitados.

Estes indicadores de capacitação devem indicar como e quanto a equipe está apta para realizar uma determinada tarefa. Informam o seu grau de escolaridade, grau de especialização, a multidisciplinaridade, entre outras coisas no campo pessoal.

Por outro lado, podem e devem indicar e medir ainda a capacitação das instalações, das ferramentas usadas, o grau de atualização das máquinas e aparelhos usados. Informam, entre outras coisas, sobre as instalações e ferramental usado na manutenção e pela manutenção.

Indicam o grau de modernização e o grau de atualização tecnológica dos equipamentos e ferramentas que a nossa equipe, quer seja a equipe de manutenção, quer seja a equipe de operação, ou qualquer outra equipe que componha a nossa empresa.

Indicam o quanto de Procedimentos de Manutenção Padrão estão, não só no Sistema de Garantia de Qualidade bem quantos já estão incluídos no seu sistema de CMMS.

Será pouco provável que a manutenção tenha um bom desempenho numa tarefa (indicador de desempenho) se não tiver com conhecimentos adequados (indicador de capacitação). Ou, se não souber executar a tarefa por falta de treinamento ou falta de conhecimentos básicos ou por ausência de ferramentas especiais (indicadores de capacitação).

Não compare apenas o que sua equipe é apta a fazer, em datas diferentes e contra o mesmo padrão.

Faça "benchmarking" com equipes de outras empresas e com outras instalações.

Meça e verifique onde eles estão em vantagem e onde você pode melhorar.

Não compare apenas na sua especialidade, mas em empresas de especialidades diferentes, dentro do mesmo tema.

Por exemplo, uma unidade militar, nos Estados Unidos, para melhorar seu controle de sobressalentes, foi a uma grande rede de super mercados para verificar como aquela rede de supermercado fazia o controle dos estoques e de material para as lojas.

Numa rede de Supermercado, se não houver material quando o cliente desejar adquirir, este comprador iria buscar o produto na concorrência. Estes itens de estoque devem existir, sem aumentar demasiadamente o total em estoque e não descapitalizar a empresa.

Verifique o grau de atualização tecnológica de sua equipe, de seus equipamentos de suas ferramentas especiais, a escolaridade de seus colaboradores etc.

Adiante colocamos indicadores que permitem medir estas variáveis, e que em nosso entender devem sair direto de seu "soft" de CMMS.

1.5.1.3 – Indicadores de Desempenho

Os indicadores de desempenho indicam ou medem como está nosso desempenho na execução de nossas tarefas, no cumprimento de compromissos que assumimos.

Indicam como nós estamos executando a tarefa a que nos propusemos.

De nada adianta desenvolver padrões para a execução de tarefas, os PMPs (SMPs) ou Procedimentos de Manutenção Padrão (Standard Maintenance Procedures), os POPs (SOPs) ou Procedimentos de Operação Padrão (Standard Operacional Procedures) ou as Instruções de Manutenção, se não compararmos o desempenho da equipe quanto ao uso e aderência aquele padrão.

De pouco adianta desenvolver padrões de execução se não compararmos o desempenho de nossa equipe com o desempenho de outras equipes, medido do mesmo modo, dentro da mesma sistemática.

O desenvolvimento dos documentos acima citados visam capacitar nossa equipe na execução de nossas tarefas e a aderência aos PMP deve ser exigida.

Mas cuidado: ao comparar o desempenho de sua equipe com outra equipe, só compare este desempenho se souber como são feitas as contas para determinar o indicador, na outra equipe.

Você só deve comparar seus resultados com de outros quando souber como as contas foram feitas, de que modo foram calculados, qual a fórmula usada.

Deste modo os indicadores de desempenho apontam como nós estamos usando os nossos recursos humanos, financeiros e materiais.

Isto quer dizer que pouco adianta sermos muito bem capacitados para uma determinada tarefa se não nos desempenhamos bem na tarefa, por que não estamos com vontade, ou por que não nos programamos bem, etc.

Assim, ainda que a empresa nos forneça bons equipamentos e boas ferramentas, existe o risco de que nós não estejamos usando estes recursos de modo adequado.

Verifique isto em sua equipe.

Verifique como seus recursos estão sendo usados. Meça e compare com suas metas e com outras equipes fazendo benchmarking.

1.5.1.4 – Gráfico de Visualização Indicadores do Grupo 1 com Manutenção

Figura 1.05

No gráfico abaixo, mudamos apenas o campo produtividade, para mostrar como podemos usar as divisões básicas usando os conceitos básicos em casos diferentes.

É lógico que poderíamos desdobrar todas as subdivisões em mais campos e mais informação. Eu estou desdobrando em apenas alguns, para um exemplo em manutenção.

Em sua empresa você deve usar seus desdobramentos conforme a cultura existente em sua empresa, conforme as características próprias de sua empresa e de seu negócio.

1.5.2 – Grupo 2 – Indicadores de Performance para Gerenciamento e seus Parâmetros

Nesta parte vamos ver os indicadores dentro de uma ótica diferente, ou seja, os indicadores chaves para o gerenciamento dos resultados da manutenção pela ótica dos diversos níveis da empresa e os parâmetros básicos para gerenciamento, dos quais, normalmente, derivam os indicadores chaves.

1.5.2.1 – Definição de Indicadores de Performance

Medições para determinar a desempenho de uma função dentro da empresa.

No nosso caso vamos determinar a performance da Função Manutenção na consecução de seus objetivos e metas visando fazer com que a empresa atinja suas metas.

1.5.2.2 – Indicadores Chaves de Performance da Manutenção

A literatura os chama de "Key Performance Indicators" ou apenas "KPIs".

São Indicadores de Performance Chaves ou finais de como uma seção, um departamento ou a manutenção está em relação às metas da empresa ou dos proprietários do ativo. Normalmente são calculados a partir dos parâmetros de performance que são discutidos mais adiante.

Podem ser, basicamente, os mesmos indicadores de desempenho já vistos, mas aqui serão usados como balizadores, como marcas para medir o quanto de metas atingimos.

Não existe padronização de indicadores deste tipo, mas consideramos que isto deveria ser feito.

Você deve considerar suas metas e verificar quais os indicadores que devem ser usados, ou melhor, quais os parâmetros que devem ser controlados e medidos para saber se a manutenção que você dirige e orienta está indo na direção correta, ou melhor, se está ajudando na meta empresarial.

Se formos estabelecer KPIs para uma empresa em especial, é muito importante que sejam adaptados para as possibilidades do programa especializado de monitoramento da manutenção, de "soft" de Planejamento e Controle da Manutenção, ou melhor do CMMS em uso ou a ser implantado.

Se a determinação de novos KPIs não for feito de modo adequado, inevitavelmente haverá uma carga de trabalho adicional aos integrantes do PCM ou da administração da manutenção. Esta carga adicional, além de ser dispendiosa, criará dificuldades e antagonismos na implementação de novos indicadores na empresa. Nunca esquecer que índices e indicadores são ferramentas para o gerenciamento e nunca uma punição para quem os deverá calcular.

Deste modo os indicadores devem ser adaptados para a estratégia organizacional, devem ser um conjunto balanceado de indicadores amigáveis e fáceis de serem compreendidos e usados, e, devem ser obtidos diretamente de seu CMMS.

Capítulo 1 – Introdução aos Indicadores e Índices | **11**

Os indicadores de Custo de Manutenção Total (CMNT), Custo de Manutenção sobre Faturamento Bruto (CMFB), Custo de Manutenção sobre Investimento Total (CINT), Eficiência Global do Equipamento (OEE), Performance Global do Equipamento (PERF), entre outros, são Indicadores de Performance Chaves para o Gerenciamento, não só da Manutenção como um todo, mas também da performance do processo produtivo pois dependem do conjunto produtivo (operação e manutenção) no melhor da MPT (TPM) e da MCC (RCM).

Numa linha de montagem que precise produzir à máxima capacidade, a mensuração da Disponibilidade é um KPI.

Normalmente KPIs são calculados através de medições na área ou de reprocessamento de outros indicadores que podem ser chamados de KPP. Ver figura 1.06

1.5.2.3 – Indicadores de Parâmetros de Performance Básicos

A literatura os chama de "Key Performance Parameters" ou "KPPs".

São Indicadores da Performance da Manutenção e de sua correta mensuração e determinação é que se pode obter os KPIs.

Cada um destes indicadores descreve ou indica como está cada fase do processo de manutenção.

Se formos estabelecer medidores de performance para uma empresa qualquer, ou para uma equipe em especial, é muito importante que aqueles executantes que serão avaliados possam interferir no processo em andamento, pois eles deverão a cada passo ser informados dos resultados e da eventual necessidade de correção.

De nada adianta medir, por exemplo, Percentual de Execução do Plano de Manutenção Preventiva se não se pode intervir na força de trabalho, se não se pode atuar de forma convincente no resultado final, simplesmente porque se deseja trabalhar com pouca gente. Isto deve ser muito bem compreendido e aceito: de nada adianta fazer um programa de manutenção sem recursos necessários e se nada se poderá fazer para obter estes recursos necessários. Para cumprir as obrigações assumidas ao se traçar um plano de manutenção preventiva deve-se possuir recursos. Planos de manutenção preventiva são feitos para serem executados. Conheço equipes que sabem que não podem cumprir o plano, por falta de recursos e nada fazem para obter estes recursos, nem sequer avaliam o desempenho dos equipamentos para saberem se o plano é necessário para o desempenho das máquinas.

De nada adianta, por exemplo medir o TMEF (Tempo Médio Entre Falhas) de equipamentos, se as falhas são conhecidas, se estas falhas são repetitivas e nada se pode fazer ou nada se sabe fazer, ou, o que é pior, às vezes, nada se deseja fazer para mudar o quadro.

Por outro lado, medir, por exemplo, o TMPR (tempo médio para reparo), um dos itens que afeta a Disponibilidade, só fará sentido se estamos tentando melhorar e verificando deficiências, para, se possível treinar pessoas, adquirir ferramentas, sobressalentes e outros itens necessários para um reparo rápido e eficiente. Aqui a mensuração do TMPR é importante se indicarmos os pontos fracos, e se identificarmos os componentes que afetam ou aumentam o TMPR.

Em minha percepção, neste caso o TMPR é um KPP, e a Disponibilidade seria um KPI, se houver vantagem em medir este Indicador.

Veja por exemplo: a empresa possui cerca de quarenta equipamentos e só usa, em média, vinte devido condições de mercado. Durante este período de baixa produção a mensuração da disponibilidade é quase que supérflua, pois existem máquinas de reserva disponíveis que não estão

12 | Indicadores e Índices de Manutenção

sendo usadas e não serão usadas até que a demanda aumente. Já numa linha de montagem que necessite de todos os equipamentos trabalhando sem falhar, a disponibilidade e a confiabilidade deles são dois KPIs.

Pouco adianta você apenas controlar o tempo do reparo (TMPR ou MTTR) e se não controlar o tempo para restaurar a função (TMRF ou MTRF). Você está fazendo apenas parte do trabalho. O TMPR é indicador de manutenção e o TMRF é indicador de como o negócio está sendo executado.

Disponibilidade é máquina produzindo ou em condições de produzir. Se o reparo está concluído e a máquina não está em condições de operar, em condições de retornar a desempenhar novamente a sua função, o processo produtivo ainda não foi retomado. Você deve controlar o tempo de reparo (MTTR) e em conjunto controlar o MTRF, pois só haverá produção depois de restaurada a função. Igualmente ao desenhar ou especificar o uso do MTRF você deverá indicar quem é responsável por cada parte do processo de recolocação da máquina em carga.

O uso destes parâmetros básicos de manutenção devem estar bem claro para supervisores, como devem estar claro os valores esperados e o que eles devem fazer para obter os resultados adequados. Ver figura 1.06.

1.5.2.4 – Passando de Parâmetros Básicos para Indicadores Chaves

Usualmente a obtenção dos parâmetros básicos como os acima indicados devem ser feitos através de seu CMMS, de seu programa especialista de PCM, bem como das medições elementares do trabalho.

A combinação dos resultados obtidos dos parâmetros básicos conduzem aos Indicadores para Gerenciamento, que também devem ser obtidos de seu CMMS.

Não esqueça: existem Indicadores de Gerenciamento diferentes e adequados para cada diferente nível gerencial em sua empresa, e por isto necessários a este nível.

Se sua empresa estabelecer novas metas e novos desafios, é provável que você tenha que projetar novos indicadores para atender a nova situação.

Este ponto de adequação pode ser o primeiro problema para sua manutenção, para sua empresa e para estratégia de gerenciamento.

A resposta negativa ou a dúvida na questão a seguir deve ser considerada como eventual dificuldade ou eventual sobrecarga do seu PCM: "*será que o meu soft especialista em PCM (CMMS) permite que eu modifique os indicadores atualmente em uso ou projete novos indicadores, diferentes dos atuais, para provocar uma mudança de comportamento gerencial na maneira de abordar e resolver um problema eventualmente detectado?*".

Ao final deste estudo, onde sugerimos o uso de Indicadores para compor um Relatório de Manutenção diferente para cada nível gerencial, isto está mais fácil de ser visualizado.

Por exemplo, os indicadores de Tempo de Funcionamento Entre Manutenção e o Tempo de Parada para Manutenção devem ser controlados.

Assim, como conseqüência, poderemos obter o Indicador de Disponibilidade que não é um indicador básico, mas já é um indicador para gerenciamento.

Este indicador será um indicador para Gerenciamento se a empresa tiver necessidade de produzir o máximo possível.

Se a empresa não produz o máximo possível e possui sempre capacidade ociosa, para os gerentes de produção pode ser supérfluo e poderá ser perda de tempo medir Disponibilidade de equipamento com tempo ocioso, no qual a máquina não produz.

O uso do MTBF e o do MTTR para cálculo de Disponibilidade devem ser evitados, conforme veremos na parte de Indicadores de Gerenciamento de Máquinas, mais adiante.

Diversas fórmulas de Disponibilidade estão detalhadas na parte de Gerencia de Máquinas.

1.5.2.5 – Gráfico de Visualização - Indicadores do Grupo 2 para a Manutenção

A seguir está um gráfico montado para mostrar o uso de parâmetros básicos s a determinação de Indicadores de Gerenciamento a partir do exemplo dado acima.

Como podemos notar, das medições na área saem dados básicos que, processados adequadamente fornecerão indicadores básicos. Estes indicadores básicos, devidamente usados como valores para reprocessamento, fornecem os indicadores que mostrarão se a manutenção esta trabalhando na direção correta para a melhoria da empresa. Note que, do processamento de dados medidos na área pode resultar em Indicadores que podem ser a meta da empresa e neste momento, indicadores de performance ou ainda, KPI.

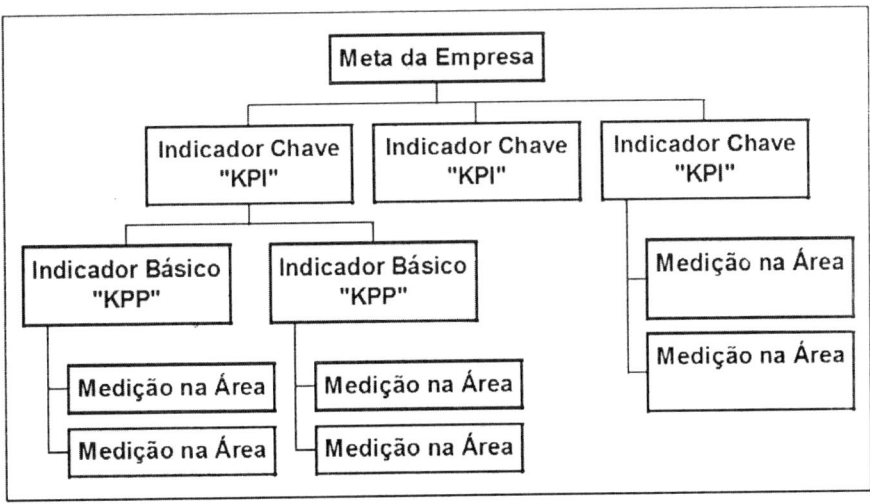

Figura 1.06

Os indicadores chamados de KPI contarão se a manutenção esta trabalhando na direção das metas da empresa e contribuindo para a obtenção destas metas.

1.5.2.6 – Outro Gráfico de Visualização de Indicadores Chaves

Na figura a seguir colocamos uma montagem possível para o indicador OEE. com alguns dos componentes que entram no cálculo de OEE, bem como outros fatores para melhoria.

Indicadores e Índices de Manutenção

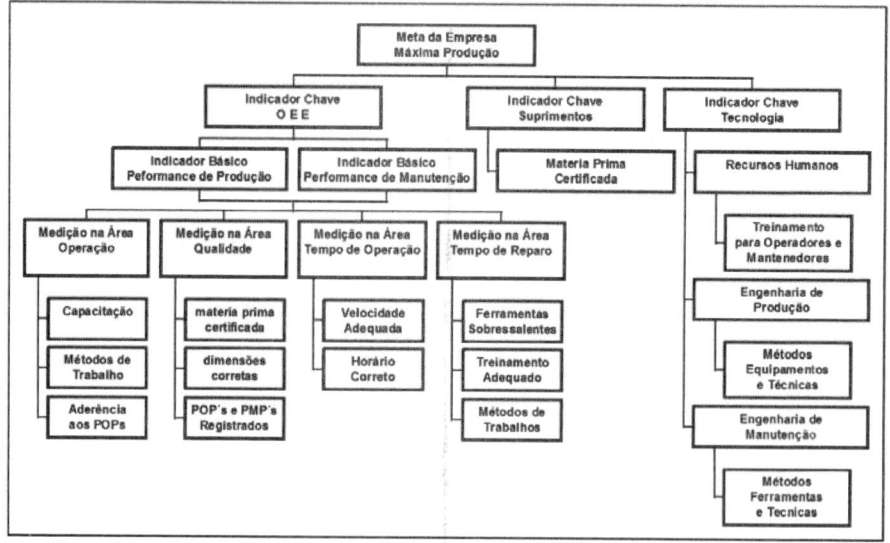

Figura 1.07

Conforme podemos ver na figura anterior, o desdobramento das metas, ou melhor, dos indicadores, pode ser feito de várias maneiras.

Por exemplo, entre várias outras, a meta de Departamento de RH, em um determinado momento pode ser treinar o pessoal de manutenção e de produção. Naquele momento, poderá ser KPI do RH, apesar de que para o pessoal de manutenção será indicador de capacitação, pois os KPIs e os KPPs da Manutenção serão outros.

1.6 – Estudo Sobre Qualidade

Os fabricantes "Classe Mundial" monitoram os seus desempenhos medindo a qualidade, o custo e as entregas. A manutenção deveria ser medida da mesma maneira.

A capacidade da manutenção fabril deve ser medida na capacidade de executar seus trabalhos com qualidade, deve ser medida a capacidade de minimizar custos e medida a sua capacidade de entregar os seus produtos (serviços) no tempo e na hora certa.

Para uma correta avaliação, um gerenciamento corporativo é necessário. Para avaliar corretamente a manutenção, um ponto de vista de negócios deve ser usado, mais do que a partir de um ponto de vista simplificado de Tempo de Funcionamento ou Tempo de Parada ou horas extras.

É fundamental a necessidade de aumentar o ponto de vista do "negócio manutenção" e do ponto de vista financeiro dentro da manutenção, mas, infelizmente temos encontrado que estes assuntos não são pontos fortes do pessoal na manutenção tanto a nível de gerenciamento como a nível de supervisão.

Alguns apenas pretendem que um reparo seja executado, de qualquer modo, a qualquer custo, desde que seja rápido. Mas não se programam, não se treinam e nem tomam medidas proativas.

1.6.1 – O que é Qualidade?

Qualidade - Totalidade de características de uma entidade (de uma atividade, de uma organização, de um produto, de um processo ou combinações destes) que lhe confere a capacidade de satisfazer as necessidades explicitas e implícitas (do cliente, com o produto).

Note bem: atender as necessidades quer explícitas quer implícitas. Ou seja, o que ele, o cliente, conseguiu exprimir e o que ele não conseguiu ou não soube exprimir.

A **Qualidade** envolve um sem número de aspectos, inclusive subjetivos, que podem fazer com que um cliente prefira este ou aquele artigo, este ou aquele bem, este ou aquele prestador de serviços.

A **Qualidade** envolve inclusive itens e especificações não claramente estabelecidos e muitas vezes de ordem subjetivas. Se alguns destes aspectos forem usados para a aquisição de um bem ou serviço, é importante para a empresa ou para um prestador de serviço compreender como isto é desenvolvido e como é que ocorre, para que o tomador do serviço ou comprador do bem fique satisfeito com o que receberá. Por isto é que se diz que a qualidade é atingida quando o cliente fica satisfeito.

"Qualidade é a satisfação do cliente" e se o cliente não ficou satisfeito com o produto ou com os serviços, os nossos esforços foram perdidos. A qualidade total não foi atingida. Para que os parâmetros não mudem durante a prestação dos serviços algumas regras básicas devem ser estabelecidas. A "regra do jogo" deve ser estabelecida para que se possa ter uma chance de acertar. Não se consegue atender bem a alguém se esta pessoa não sabe o que quer. Ao final poderá sobrar sempre algum descontentamento motivado inclusive pelo desconhecimento sobre o que poderia solicitar.

1.6.2 – O que São Clientes?

Cliente - Aquele que recebe o produto ou o serviço proveniente do fornecedor.

Dentro da filosofia do TQC, clientes são todos aqueles que chegam à empresa precisando de um bem ou de um serviço, ou seja: aqueles para os quais prestamos serviços ou entregamos produtos. A sobrevivência de uma empresa depende da quantidade de clientes que possui e da constância que retornam para atendimento.

1.6.3 – Tipos de Clientes

1.6.3.1 – Quanto ao Âmbito da Empresa

Quanto ao âmbito da empresa existem três tipos de clientes: os clientes internos, os clientes externos e os clientes cativos.

a. **Clientes Externos** são os clientes, os compradores de bens ou os tomadores de serviços que não pertencem à empresa. Ele possui o poder ou o direito de comprar onde quiser e não precisa se justificar. Clientes externos podem gastar o seu dinheiro onde quiserem e fazer com que uma empresa que os desagrade fique em situação ruim, simplesmente gastando o dinheiro e comprando bens ou serviços em outras empresas.

b. **Clientes Internos** são os clientes que pertencem ao ambiente interno da empresa. Normalmente não possuem opção ou escolha. Ainda que mal atendidos, eles serão obrigados a procurar o mesmo mau prestador de serviços ou vendedor de produtos. O cliente interno normalmente não possui alternativa e por isto, mesmo se não for bem atendido não poderá mudar de prestador de serviço. Esta situação, as vezes poderá gerar abusos.

Normalmente a manutenção fabril só atende a clientes internos. Firmas prestadoras de serviços de manutenção atendem a clientes externos.

Em condições extremas de mau atendimento, poderá haver contratação direta pela equipe de Operação, de prestador de serviços externo, para que a qualidade e a satisfação sejam atingidas. Será que a terceirização da manutenção em algumas empresas é feita devido a este detalhe?

c. **Clientes cativos** são clientes, que apesar de serem externos, não possuem muitas vezes opção de fornecedores. O **monopólio** é um criador de clientes cativos. Apesar de mal atendidos e de pagarem caro por produtos e serviços de má qualidade, não tem opção não podem mudar de fornecedor. Se um dia puderem, tudo farão para mudar e normalmente tornam-se ferrenhos detratores dos antigos fornecedores, se foram mal atendidos.

1.6.3.2 – Quanto ao Conhecimento

Quanto ao conhecimento podemos classificar os clientes em três tipos:

a. os clientes que sabem o que querem,
b. os clientes que "acham" que sabem o que querem.
c. os que não sabem o que querem.

1.6.3.3 – Quanto a Atitude

Quanto à atitude existem os clientes que exigem seu direito e os que não exigem, ou seja os conformados. Já vimos uma discussão onde se classificava o cliente do seguinte modo:

a. o **cliente exigente** (que exige seus direitos) e
b. o **cliente displicente** (que não exige e não se preocupa com seus direitos).

'or falar nisto, você lê os contratos, os certificados de garantia do que você compra, conhece os eus direitos e obrigações?

1.6.3.4 – Quanto a Moral

Quanto a moral, os clientes podem ser classificados como:

a. clientes honestos (que cumprem sua parte),
b. clientes desonestos (que não cumprem sua parte) e
c. clientes aproveitadores (que procuram brechas para fugir de suas obrigações ou exigir o que não foi pactuado).

1.6.4 – Características em Comum dos Clientes

Todos os clientes possuem uma característica em comum: todos são clientes todos possuem o dinheiro que precisamos e que a empresa precisa para sobreviver.

Não esqueça de que o melhor cliente é aquele que gasta o seu dinheiro na sua empresa, e que retorna para outras vezes mais para repetir o processo de troca de produtos ou serviços por dinheiro ou outros bens.

Existem diferentes tipos de tratamentos a serem dispensados aos diferentes tipos de clientes. Trate-os todos com seriedade e respeito. Forneça um bom produto ou serviço e receba em troca um pagamento honesto para garantir a sobrevivência de sua empresa.

1.7 – Qualidade Total e seus Componentes

Conforme Falconi e o modelo ensinado na Fundação Christiano Ottoni, em Belo Horizonte, a Qualidade Total possui cinco componentes: qualidade ampla ou intrínseca, custo, atendimento, segurança e moral.

1.7.1 – A Qualidade Ampla

Definição: O parâmetro ou componente da qualidade que torna o item, o bem ou o serviço desejável.

A qualidade ampla, ou intrínseca, é determinada pelas características do produto e dos serviços (ausência de defeitos e presença de características que irão agradar o operador do equipamento), no caso da manutenção, a qualidade da rotina da equipe de manutenção (previsibilidade e confiabilidade em todos os serviços de manutenção), a qualidade do treinamento que o pessoal de manutenção possui, a qualidade da informação prestada, a qualidade das pessoas envolvidas nas tarefas de manutenção, a qualidade da organização da Manutenção, a qualidade dos objetivos e das metas dos envolvidos nos serviços de manutenção, etc.

1.7.2 – O Custo

Definição: O quanto se despende para se obter algo, seja um produto ou um serviço.

O custo do produto ou dos serviços, que de um modo geral é entendido como o custo para o cliente (ou o quanto ele irá despender ou gastar), ou para o tomador do serviço. Deve ser entendido, em manutenção, como o custo final para a Empresa como um todo. Para o cliente isolado que adquire um bem ou um serviço, quanto menor for o dispêndio de capital na aquisição de um bem com as mesmas característica, maior será a sua satisfação.

Se for dentro de uma empresa em que se solicita serviços, quanto menor o custo final, melhor para a empresa, embora nem sempre seja a maior satisfação para o solicitante do serviço. Em muitas empresas, para os solicitantes, seja a equipe de Operação, seja qualquer outra equipe interna, nem sempre o menor custo final é a maior satisfação. Nem sempre se tem a noção ou o conceito de empresa como um todo. Deseja-se o melhor e mais caro. O resto é problema da empresa. Se todos não tiverem dentro de si os conceitos de "Empresa como um todo" poderão desejar serviços ou produtos caros e que poderão desbalancear o critério de qualidade total. Não existe qualidade total a qualquer custo.

1.7.3 – O Atendimento

Definição: O conjunto de atividades do fornecedor, relativas ao contato com o cliente e o acompanhamento destas atividades até o término.

Atendimento no prazo certo, no local certo e na quantidade adequada. Em diversos setores dentro de uma empresa, é mais barato e mais lucrativo que não exista sempre um atendimento 100% disponível. Em manutenção, devido problemas de ociosidade de mão de obra, o quadro de empregados deverá sempre estar dimensionado para atender os trabalhos normais, devendo haver sempre uma fila de espera.

Uma das maneiras de proporcionar um bom atendimento de serviços de manutenção é dimensionar o quadro para atender o fundamental e alguns serviços serem postergados, serviços estes de menor importância. O acompanhamento do índice BACKLOG nos dá uma informação valiosa sobre a quantidade de mão de obra e o estabelecimento de critérios de prioridade de atendimento que definirá o que deve ser feito primeiro.

1.7.4 – A Segurança

Definição: Condição daquele ou daquilo em que se pode confiar.

Segurança refere-se ao dano físico que o produto ou que um serviço poderá causar ao cliente ou ao usuário do equipamento. O produto deve ser seguro dentro do uso para o qual foi projetado, e os serviços devem ser prestados de modo que do serviço prestado não resulte risco de dano ou acidentes para o usuário ou para o tomador do serviço e, em manutenção, deve-se restabelecer ou melhorar as condições até então seguras do equipamento. Segurança é o que o usuário espera como conseqüência dos produtos que instalamos nos equipamentos e dos serviços que prestamos nos equipamentos.

Não atender a pedidos de serviços que poderão gerar condições de trabalho inseguras para os usuários faz parte deste item "segurança".

Note bem: dentro de um conceito de qualidade total e de responsabilidade compartilhada para a segurança comum, não existem desculpas por criar condições inseguras ou armadilhas, sobre a alegação: "pediram assim". O produto deve ser seguro e os serviços de manutenção devem ser prestados de modo a dar ao cliente, usuário ou tomador de serviços a sensação correta de segurança na utilização do produto.

1.7.5 – Moral

Definição: Conjunto de regras de condutas consideradas como válidas quer para o grupo quer para a pessoa.

Moral tem sido entendida como a capacidade de uma pessoa ou de equipe ou de uma empresa de honrar os compromissos assumidos, de respeitar as regras estabelecidas, de cumprir acordos feitos, de entregar máquinas nos prazos acertados, de cumprir as rotinas, independente da ação de um supervisor (o programa de **"7S"** trata este item como autodisciplina ou shitizuke) de nossa equipe, que deve ser alta. Os empregados devem estar satisfeitos no trabalho e com suas tarefas. O cliente deve ser tratado com seriedade e respeito. Devemos trabalhar o nosso pessoal, o nosso time para que se estimem a si próprios ou entre si, e para que tenham orgulho do que fazem. Devemos colocar assuntos gerais para que todos participem, vivenciem as decisões e para que se sintam membros de uma coletividade prestadora de serviços. Pode-se medir moral dos empregados com a medição de rotatividade, faltas, absenteísmo, visitas ao médico, entre outros, além dos citados anteriormente.

1.8 – Itens de Controle e Verificação

Seguem algumas definições sobre termos usados em TQC, dentro do modelo proposto por Falconi, para facilidade do leitor ao lidar com as palavras, mais adiante.

1.8.1 – O que São Itens de Controle

Itens de controle são características mensuráveis do produto entregue ou serviço prestado. A verificação ou constatação de que está de acordo com o esperado, deverá garantir a satisfação do cliente ou tomador de serviços em relação ao produto acabado ou serviço prestado. Apesar de inicialmente haver sido concebido para medir apenas o produto acabado em processos industriais, este conceito teve que ser ampliado para serviços e para todos os itens da qualidade e, para o atendimento do cliente, os itens de controle deverão ser definidos em função da expectativa do cliente, para os cinco componentes da Qualidade Total, ou seja: qualidade intrínseca, custo, atendimento, moral e segurança.

Após a aquisição do produto ou do serviço, quando vamos constatar os trabalhos, ou verificar os resultados, se os itens de controle coincidirem ou suplantarem a expectativa do cliente e se atenderam ou superaram o que foi solicitado, a qualidade, neste caso, foi atingida. Por isto é que os itens de controle devem ser mensuráveis e preestabelecidos: para que se possa ter um valor combinado que possa ser atingido para ser constatado e medido.

Como as expectativas de um cliente podem variar durante o atendimento, é preciso que se tenha, em muitos casos, regras e contratos bem feitos para que se possa registrar o que o cliente espera na ocasião da solicitação. Para alguns casos, quando não se sabe exatamente o que o cliente quer, por desconhecimento, ou por falta de especialização em alguns assuntos, é que existem normas e padrões locais ou internacionais que devem ser citados no estabelecimento do que se deseja.

Deste modo, só se tem item de controle sobre o que se pode medir. Só se pode medir o que se pode quantificar. Critérios subjetivos e "desejos" não devem ser usados para estabelecimento de itens de controle, dentro do processo industrial, dentro da área de prestação de serviços, como a de manutenção, ou em contratos de atendimento.

A mensuração de "desejos" ou critérios subjetivos do cliente deve ser cuidadosamente estudada e transformada em métodos de trabalho corretos e descritos. Normalmente este trabalho é efetuado dentro do **QFD, (Quality Function Deployment)** ou traduzido "Desdobramento da Função Qualidade".

Como a Operação ou a Fabricação, normalmente não sabe mensurar os processos de manutenção, devemos sair na frente e tentar saber o que o cliente poderá querer no futuro e estabelecer um processo que permita mensurar os nossos serviços. Isto não é e nem será fácil. Tentar medir o grau de satisfação de um cliente (a Operação) que, às vezes não sabe avaliar o que está sendo feito, mas sabe o que precisa.

1.8.1.1 – Um Exemplo

Imagine várias empresas de ônibus que transportem passageiros entre duas cidades. O passageiro, aqui "o cliente", deseja fazer uma viagem e quer ir no melhor ônibus possível, pelo menor preço, com o primeiro disponível e que lhe ofereça conforto e segurança. Lógico que também não irá em um ônibus sujo e com motorista embriagado ou maltrapilho. Se puder escolher, se houver oferta, irá no que atender a sua necessidade, ou melhor, os seus desejos. Se a pressa for fundamental, irá no primeiro ônibus que chegar ao destino. Se ele deseja conforto escolherá um ônibus limpo e confortável. Se ele deseja segurança não irá em um ônibus em mau estado ou com um motorista que aparenta estar embriagado.

Se todas as empresas de ônibus empregarem motoristas atenciosos, e se todas tiverem ônibus com conforto equivalente, com o horário necessário, se os preços forem iguais, se o atendimento for equivalente, se a segurança for idêntica poderá acontecer que a decisão vá para critérios subjetivos, como a cor do ônibus, etc. Isto deve ser definido e oferecido ao passageiro, neste caso o cliente.

Se uma das empresas resolver fazer uma pesquisa sobre como melhorar o atendimento e aumentar o número de clientes, poderá encontrar sugestões do tipo:

    a.   **Conforto:** a cabine pode ser mais silenciosa, poderia ter condicionador de ar, poderia ter menos vibração, poderia ter o descanso para as cabeças sempre novos etc.

    b.   **Segurança:** Motoristas que não bebam bebidas alcoólicas em viagem, ônibus bem mantido, viagem sem excesso de velocidades etc.

    c.   **Atendimento:** pessoas educadas e prestativas nos balcões de atendimento etc.

1.8.2 – A Manutenção e os Itens de Controle

Para o estabelecimento de itens de controle para serviços de manutenção deveremos estar em condições de responder às seguintes perguntas:

    a.   Quais as características ou valores que serão medidos para assegurar que a <u>qualidade intrínseca dos serviços de manutenção</u> foi atingida?

    b.   Quais as variáveis que serão medidas para quantificar o <u>custo dos serviços de manutenção</u>?

    c.   Quais as características do sistema que serão medidas para verificar que um ótimo <u>atendimento do cliente dos serviços de manutenção</u> foi dada?

    d.   Quais as características que serão medidas para verificar a <u>moral da equipe de manutenção</u>?

    e.   Quais as características que serão medidas para garantir a <u>segurança do cliente dos serviços de manutenção</u> e dos componentes da equipe de manutenção?

No entanto, não esqueça: você deve estar preparado para decidir o que fazer se o parâmetro estiver saindo do valor esperado e estimado como adequado e como correto.

1.8.3 – O que São Itens de Verificação?

Como já foi discutido até aqui, os itens de controle são características do produto acabado ou dos serviços concluídos.

Os itens de Controle são uma conseqüência das condições em que os serviços foram prestados ou que o produto foi obtido, do treinamento do pessoal, do conhecimento deles e do empenho e cuidados durante a tarefa, da qualidade da matéria prima, etc.

Mas apenas constatar se o valor do item de controle foi atingido, ou não, é pouco.

Será que eu posso interferir no sistema para corrigir, durante os trabalhos de fabricação ou prestação de serviços, e evitar um final ruim?

Por isto deveremos ter em mãos recursos para interferir durante o processo de trabalho para garantir, passo a passo, que os itens de controle serão atingidos ao final dos trabalhos.

Isto quer dizer que, durante a execução dos trabalhos, deveremos ter alguns outros valores que serão medidos e que deverão ser atingidos, passo a passo, para garantir que os itens de controle serão atingidos ao final das tarefas ou no produto acabado.

A estes valores mensuráveis durante a execução dos trabalhos chamamos de itens de verificação.

Os itens de verificação são valores usados durante as tarefas de execução dos serviços, e no nosso caso, nos trabalhos de manutenção.

Os itens de verificação são um conjunto de parâmetros do processo de trabalho, de fabricação ou de prestação de serviços, pelos quais se pode avaliar e influenciar de um modo direto ou indireto, os valores em curso para atingir o valor adequado dos itens de controle.

1.8.4 – Qual a Diferença Entre Itens de Controle e Itens de Verificação?

Como vimos, os itens de controle são os valores encontrados após os trabalhos executados. Se não estiverem de acordo com os valores que foram combinados na época da contratação dos trabalhos, na época do planejamento da obra, então teremos um problema.

Se tivermos problemas, deveremos agir para resolvê-los.

Mas os itens de verificação são valores são medidos e usados durante as tarefas, durante a execução dos trabalhos contratados ou prestação dos serviços de manutenção, para medir certificar que o processo ou que o trabalho está andando em direção ao que se preestabeleceu. São indicadores de como parte dos trabalhos está sendo executado.

Veja este caso: em uma viagem do Rio até São Paulo, de carro, se planejarmos fazer em cerca de seis horas, teremos como item de controle o tempo de viagem.

Como item de verificação, por exemplo, a velocidade média, ou, se quisermos, a medição do tempo transcorrido ao passar em certos locais dentro de uma estimativa feita ou deveremos estar a tantas horas após a partida.

A correção de um atraso será efetuada com pequena redução do tempo de parada ou aumento na velocidade média.

Um adiantamento poderá ser corrigido com pequeno aumento do tempo de parada ou redução de velocidade.

Deste modo poderemos ter os indicadores (verificação ou controle) como na figura a seguir.

Conforme podemos notar, os itens de controle de cada escalão são itens de verificação do escalão superior, ou seja: a meta de cada um.

De outro modo, conforme já documentamos antes, as medições de área podem virar KPP.

Estes KPPs são normalmente processados para que obtenhamos os KPIs, mas se num dado momento a empresa redefinir suas metas, todos os componentes da empresa deverão se perguntar: "de que modo, dentro da nova orientação, eu devo mudar minhas metas para ajudar a empresa a atingir o objetivo que agora ela precisa."?

Note que na figura 1.08 a meta do escalão superior é desdobrada em itens de verificação e que quando passadas para o escalão subalterno muda para item de controle, pois ali passa a ser meta, que, desdobrada serão itens de verificação e assim por diante.

Neste caso as metas deverão ser redefinidas, os itens de controle acertados e os itens de verificação repensados ou redefinidos.

1.9 – O que é Meta

Como vimos, as metas são os seus objetivos quantificados, as vezes definidos pelos os itens de controle. A Meta é definida pelo plano de trabalho, pela necessidade do cliente, ou mais especificamente, pela expectativa do cliente.

Você jamais poderá dizer que está engajado em planos de melhoria de produtividade e qualidade se você não tiver uma meta claramente definida e que esteja direcionada para a melhoria do produto e para atender seus clientes.

Não se esqueça que: apenas atender seus clientes pode ser pouco para a empresa sobreviver, pois você deverá sempre buscar novos clientes, novos e melhores produtos.

Conforme já vimos, a empresa determina seus objetivos, calcada dentro de sua missão, e tendo em vista a sua visão de futuro.

Dentro do objetivo da empresa onde você trabalha, você sabe qual é a sua tarefa? Você sabe qual é a sua meta? Você sabe qual é, ou quais são, os seus itens de controle? Você sabe quais são os pontos em que você pode e deve interferir no processo de trabalho para que os itens de controle sejam atingidos? Você sabe quais são os seus itens de controle e de verificação?

No caso de uma equipe de manutenção você pode, com honestidade, responder:

a. Qual é a meta de sua equipe de manutenção?
b. A sua equipe conhece as metas a serem atingidas?
c. A equipe participou no estabelecimento destas metas?
d. A equipe sabe o que fazer para atingir as metas?
e. A equipe de manutenção sabe como fazer para atingir a meta?
f. Nós temos, realmente, controle do que vai acontecer, interferimos na hora correta para recolocar o processo no caminho correto ou apenas assistimos ao que acontece (e depois inventamos desculpas)?

Capítulo 1 – Introdução aos Indicadores e Índices | 23

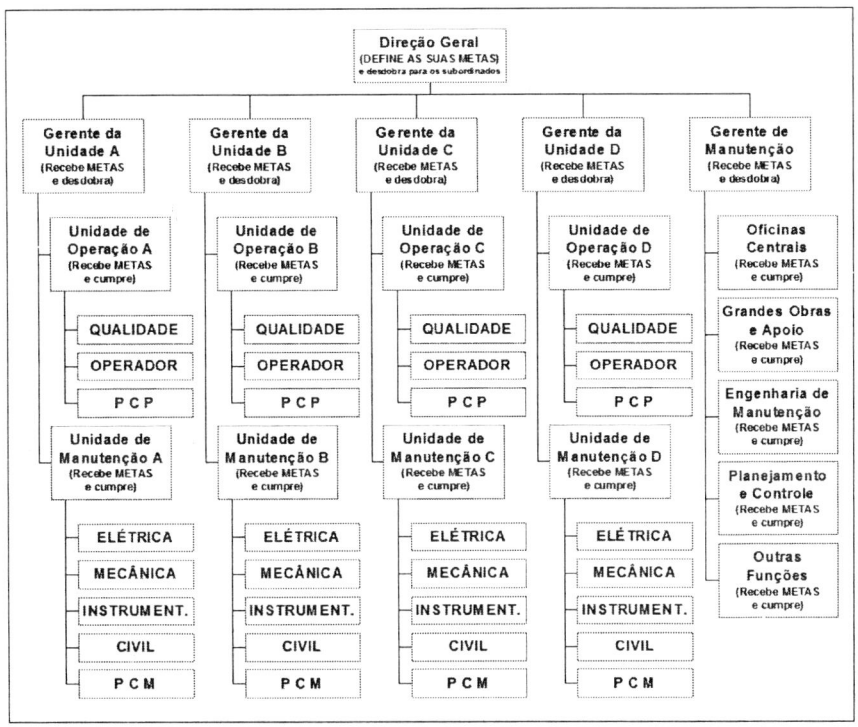

Figura 1.08

Não esqueça: a meta define o item de controle que devidamente desdobrado fornece seus itens de verificação. O seu item de verificação, quando atribuído e passado para seu colaborador passa a ser o item de controle ou a meta dele.

Exemplo: O Departamento de Operações entregou a máquina para a manutenção com uma recomendação: preciso que esteja pronta daqui a 48 horas.

Repare: a única recomendação foi: 48 horas. O pessoal da Operação não falou nada sobre qualidade dos serviços, sobre o custo dos mesmos. Apenas mencionou "Atendimento". Assim, sua meta principal passa a ser devolver a máquina 48 horas após recebida para serviços de manutenção. Como veremos mais adiante o Tempo Total de Reparos deverá ser de no máximo de 48 horas. Lógico que todos os outros componentes da qualidade sempre ficam implícitos e devem ser respeitados. Se não for possível atender em 48 horas a condição deverá ser salientada e negociada. Um bom contrato só é bom quando é bom para ambos. Faça seus "contratos" de manutenção com requisitos que possam ser cumpridos. As metas devem ser atingíveis. Caso contrário devem ser redefinidas.

Neste caso, embora todos os outros componentes da qualidade estejam intrinsecamente exigidos, a ênfase foi dada para o atendimento.

O principal item de controle passou a ser o prazo e para itens de verificação você montará, por exemplo, um sistema como o descrito a seguir:

a. O PCM deverá entregar todo o plano de parada e de serviços com uma semana de antecedência.

b. A equipe de supervisores dos executantes deverá estar a par de todo o serviço a ser executado com cinco dias de antecedência.

c. Todo o material a ser usado deverá estar disponível e separado com um ou dois dias antes do início da obra.

d. Toda a mão de obra deve estar treinada e informada da importância da obra e do prazo.

e. Deverá haver acompanhamento da tarefa e correção de trabalho se alguma tarefa parcial tender a sair do prazo planejado.

f. Planejar com folga para absorver atrasos pequenos e incluir o tempo de simulação de funcionamento da máquina. (Simulação são os testes que são efetuados após grandes serviços, para detectar eventuais problemas que permaneceram ou que não foram notados antes).

g. Ter mão de obra na quantidade e qualidade necessária para o atendimento. Você deve considerar ter recursos a mais disponíveis para absorver eventuais problemas durante a execução da tarefa como a que foi proposta anteriormente.

É lógico que o atendimento dos itens acima citados, que são itens de verificação para a obra como um todo, mas são itens de controle para cada um dos executantes das tarefas parciais. No caso do PCM, o atendimento do item "a" será um item de controle para o PCM, mas item de verificação para o gerente de toda a obra.

Do mesmo modo, o PCM deverá ter seus itens de verificação para garantir que fará a sua parte do trabalho na época correta. Deverá ter todas as tarefas descritas e documentadas em Instruções de Manutenção Padrão com a relação de material necessário e de mão de obra suficiente antes da data estabelecida para o início da tarefa como estabelecido em "a", acima.

Com antecedência todo o material deverá ser aprovisionado, e o time de aprovisionamento deverá tomar as providências cabíveis.

A mão de obra do PCM deverá estar devidamente treinada e informada da tarefa e dos prazos.

1.10 – Para que Serve um Programa de Planejamento e Controle de Manutenção?

Um bom programa de Planejamento e Controle de Manutenção serve para que as manutenções ocorram no melhor momento para a fábrica como um todo (parte PLANEJAMENTO), e para que possamos saber como a manutenção foi efetuada (parte CONTROLE) e para que possamos comparar com o que foi planejado (parte ÍNDICES). De posse destes dados poderemos agir sobre o Programa de Planejamento de Manutenção, melhorá-lo, e verificar quais fatores interferiram no desempenho da equipe. Os fatores negativos serão suprimidos ou minimizados, e os positivos serão reforçados. Estes dados de retorno serão analisados e arquivados para uso e comparação futura, para o estabelecimento de metas factíveis.

1.11 – Por que Usar Indicadores ou Índices de Manutenção Padronizados?

Para facilitar comparações e Benchmarking. Acontece que empresas diversas usam nomes diferentes para indicar a mesma coisa. Diferentes escolas e linhas de pensamento dirão os mesmos nomes para indicar coisas que às vezes são substancialmente diferentes. Nomes diferentes para o mesmo assunto também acontecerá.

Se nós de manutenção pudermos indicar de uma maneira comum os nossos índices, de modo que se possa, a partir do próprio símbolo saber o que ele tenta indicar, o que ele significa, será mais fácil, em índices, obter uma linguagem comum.

Com informações adequadas provenientes dos executantes de manutenção, convenientemente processadas, pode-se saber o que se passa e o que está ocorrendo com nossas máquinas.

Não se pode esquecer que os resultados só serão corretos se houver um eficiente fluxo de informação, de informação confiável e que deverá estar disponível no momento em que for solicitada.

O capítulo 4 "Padronização" é um resumo da referência (18) e dentro do mesmo critério estão, no anexo 1, definições de vários índices tratados neste estudo.

Capítulo 2

Construção de Códigos para Índices

Como construir os códigos de índices e indicadores.

2.1 – Resumo
Neste capítulo nós discutiremos uma maneira ou um método para montar os códigos para o uso de indicadores e índices a serem usados em manutenção.

2.2 – Introdução
A seguir delineamos a recomendação para montar os códigos alfabéticos para que os índices de manutenção tenham seus códigos representados do mesmo modo em todas as empresas e estes nomes sejam de maneira equivalente e que as suas letras código possam indicar o que se deseja representar.

2.3 – Regra de Formação
Os índices obedecerão à seguinte regra de formação:

2.3.1 – Notação
Todos os índices serão sempre representados por quatro letras maiúsculas consecutivas.

X	X	X	X

exemplo:
> para Tempo Médio entre Falhas

| T | M | E | F |

para Custo da Hora de Manutenção Preventiva

| C | H | M | P |

para Eficiência da Equipe de Manutenção Preventiva

| E | E | M | P |

2.3.2 – A Primeira Letra
Os índices deverão começar pela letra que expressa o seu significado. Assim índices sobre Tempo deverão começar pela letra T, do mesmo modo que a letra C deverá ser usada para todos os índices de Custo.

2.3.3 – As Letras Repetidas
As letras quando repetidas dentro de um mesmo índice poderão ter significado diferentes.

2.3.4 – Mesmas Letras
Recomenda-se que preferencialmente se de às mesma letras os mesmos significado nas mesmas posições.

2.4 – Alcance do Código
O sistema de códigos aqui proposto tem um alcance de 26 elevado a quarta potência, pois é proposto para uso das 26 letras do alfabeto internacional, codificação ASCII normal. Com o abandono de algumas montagens que fatalmente formarão cacófatos e palavras como chulas ainda ficaremos com muitos códigos disponíveis para os índices.

| 26 | 26 | 26 | 26 |

Em tese, com um alfabeto de 26 letras, poderemos ter 26x26x26x26=456976 códigos diferentes.

Abandonando as palavras chulas, ainda sobrará muita combinação de letra válida que poderá ser usada.

Se fixarmos uma letra para obtermos as demais composições teremos 26x26x26=17576 códigos.

Por exemplo, se fixarmos o "T" poderemos montar 17576 códigos diferentes iniciados com a letra "T" ou 17576 códigos iniciados pela letra "C", ou ainda 17576 códigos terminados por "P", que iremos sugerir seja usado apenas para índices de manutenção preventiva, embora não obrigatório.

2.5 – Significado das Letras

2.5.1 – Recomendação

Recomenda-se para melhor compreensão de um índice que a montagem do conjunto de quatro letras seja feito de tal modo que facilite a memorização e a interpretação do índice.

Recomenda-se ainda que, sempre que um determinado código for usado, que seja em seguida explicado o que quer dizer o conjunto de letras.

2.5.2 – Os Códigos

Para melhor uso e intercambiabilidade de informação sugere-se que as letras tenham o seguinte significado:

- a. Primeira Letra Xxxx:
    - a.1. "**T**" Índices que tratam sobre tempo.
    - a.2. "**C**" índices que tratam sobre Custo. São possíveis, como já vimos, 17576 códigos diferentes para índices de Custos ou começados pela letra "C".
    - a.3. "**H**" índice que tratam sobre Hora como unidade de tempo, onde não se quer aplicar o "T" anteriormente definido, por ser, o "T" de uso mais geral.
    - a.4. "**P**" índices que tratam de valores percentuais. Ex.: Percentual de Hh em Manutenção Preventiva, percentual de Hh em manutenção Corretiva, etc.
- b. Duas primeiras letras XXxx:
    - b.1. "**EF**" para índices que tratam sobre eficiência de um modo geral, quer seja equipe ou de uma máquina, ou qualquer outra medida.
    - b.2. "**HH**" para índices ou valores de Homem.hora gastos, medidos ou estimados. Atenção que Hh é Homem.hora o que quer dizer homem _vezes_ hora e não H/h (homem _dividido_ por hora). Assim 10 Hh são dez homens trabalhando uma hora ou um homem trabalhando dez horas, ou qualquer combinação cujo produto seja 10 com o resultado.
    - b.3. "**PH**" para percentuais de Hh ou apenas H trabalhados ou usados em determinados totais.
    - b.4. "**TM**" para índice ou valores de Tempo Médio.
    - b.5. "**TX**" para índices que tratem sobre uma "Taxa" qualquer. Com o uso destas duas letras pretende-se eliminar as letras gregas que normalmente dificultam a grafia em textos digitados em processadores de textos.

b.6. "**UT**" índices que tratem sobre utilização ou razão de utilização de máquinas ou de equipes.

c. Duas últimas letras xx**XX**, quanto não houver detalhamento e houver espaço.

    c.1. xx**MP** para itens de manutenção preventiva em qualquer amplitude, inclusive os totais.

    c.2. xx**MC** para itens de Manutenção corretiva em qualquer amplitude, inclusive os totais.

    c.3. xx**MN** para itens que tratem de manutenção como um todo.

    c.4. xx**MK** para itens que tratam sobre manutenção contratada (terceirizada).

    c.5. xx**MD** para itens que tratam de manutenção e trabalhos de Preditiva. É bom lembrar que a manutenção preditiva é uma subdivisão da manutenção preventiva e que você deve esclarecer como encontrou o resultado. Veja adiante a recomendação sobre como apresentar o seu relatório de índices.

d. Ultima letra xxx**X**.

    d.1. xxx**C** para corretiva.

    d.2. xxx**D** para preditiva.

    d.3. xxx**F** para fabricação.

    d.4. xxx**I** para inspeção.

    d.5. xxx**K** para contratações (terceirização).

    d.6. xxx**M** para manutenção.

    d.7. xxx**N** para normais.

    d.8. xxx**P** para preventiva

    d.9. xxx**T** para totais.

2.6 – Anormalidades de Uso Consagrado

A seguir são descritos vários índices que não obedecerão a regra de formação porque já tem seu uso consagrado.

BACK	Backlog.
CONF	Confiabilidade.
OEE	Eficiência Global do Equipamento
DISP	Disponibilidade.
INDI	Indisponibilidade.
MTBF	Tempo Médio Entre Falhas (Inglês e Francês).
MTTF	Tempo Médio Para a Falha (Inglês e Francês).
MTTFF	Tempo Médio Para a Primeira Falha.
MTTR	Tempo Médio Para Reparo (Inglês e Francês).
TMEF	Tempo Médio Entre Falhas.
TMPF	Tempo Médio Para a Falha.
TMPR	Tempo Médio Para Reparo.
PERF	Performance Global de equipamento.

Esta lista não está completa.

Evidentemente existem outros índices e outros indicadores que poderão ser adicionados.

A idéia é evitar, sempre que possível, anormalidades. Mas antes de mais nada é idéia não ir de encontro a siglas já consagradas.

Não incentive o uso de siglas que, se atenderem à regra de formação, criem contrariedades ou dificuldades devido a existência anterior de siglas para o mesmo indicador.

Do mesmo modo, não devemos criar uma sigla nova para que se enquadrar neste novo modelo, apenas para que sejamos diferentes ou apenas para mudar.

2.7 – Alguns Exemplos do Potencial do Código

A seguir fornecemos alguns índices que podem ser usados, usando a regra de formação delineada, onde todos são iniciados pela mesma letra:

2.7.1 – Para Registro de Homem.hora

HHAP – Homens.hora usados em trabalhos de apoio.
HHDI – Homens.hora disponíveis para trabalho.
HHEM – Homens.hora usados em trabalhos estranhos à manutenção.
HHES – Homens.hora estimados para um trabalho.
HHEX – Homens.hora usados em horas extras.
HHMC – Homens.hora usados em manutenção corretiva.
HHMD – Homens.hora usados em manutenção preditiva.
HHME – Homens.hora programado em manutenção de emergência.
HHMP – Homens.hora usados em manutenção preventiva.
HHMN – Homens.hora usados em manutenção (tudo junto).
HHPC – Homens.hora programado em manutenção corretiva.
HHPD – Homens.hora programado em manutenção preditiva.

2.7.2 – Para Registro de Percentuais Homem.hora

Substituindo a primeira letra (H) por (P) os indicadores passa a ser sobre percentuais.

PHAP – Percentual de Homem.hora usados em trabalhos de apoio.
PHDI – Percentual de Homem.hora disponíveis para trabalho.
PHEM – Percentual de Homem.hora usados em trabalhos estranhos à manutenção.
PHES – Percentual de Homem.hora estimados para um trabalho.
PHEX – Percentual de Homem.hora usados em horas extras.
PHMC – Percentual de Homem.hora usados em manutenção corretiva.
PHMD – Percentual de Homem.hora usados em manutenção preditiva
PHME – Percentual de Homem.hora programado em manutenção de emergência.
PHMP – Percentual de Homem.hora usados em manutenção preventiva.

PHMN – Percentual de Homem.hora usados em manutenção (tudo junto).
PHPC – Percentual de Homem.hora programado em manutenção corretiva.
PHPD – Percentual de Homem.hora programado em manutenção preditiva.

2.7.3 – Para Índices de Custo Resultantes dos Hh Acima

Para obter índices de Custo do Hh obtido acima, bastaria trocar o primeiro "H" pela letra "C" e obter os códigos dos índices de custo, que neste exemplo são exatamente os mesmos que estão descritos acima.

CHAP – Custo dos Homens.hora usados em trabalhos de apoio.
CHDI – Custo dos Homens.hora disponíveis para trabalho.
CHEM – Custo dos Homens.hora usados em trabalhos estranhos à manutenção.
CHES – Custo dos Homens.hora estimados para um trabalho.
CHEX – Custo dos Homens.hora usados em horas extras.
CHMC – Custo dos Homens.hora usados em manutenção corretiva.
CHMD – Custo dos Homens.hora usados em manutenção preditiva.
CHME – Custo dos Homens.hora programado em manutenção de emergência.
CHMP – Custo dos Homens.hora usados em manutenção preventiva.
CHMN – Custo dos Homens.hora usados em manutenção (tudo junto).
CHPC – Custo dos Homens.hora programado em manutenção corretiva.
CHPD – Custo dos Homens.hora programado em manutenção preditiva.
CHPN – Custo dos Homens.hora programado em manutenção.

2.8 – Recomendações

Os exemplos foram dados apenas para mostrar a simplicidade do código proposto. Na prática usaremos em média, em circunstâncias normais, cerca de oito a dez códigos. Em casos extremos um pouco mais, mas recomenda-se codificá-los na sistemática exposta, para facilidade de reconhecimento e memorização.

No caso de usar um relatório onde você usará vários códigos, sempre indique o que quer dizer o código.

2.8.1 – Exemplo de Relatório de Manutenção com Índice

O relatório a seguir é composto apenas de valores provenientes da manutenção.
Com isto o tratamento é diferente do usado no segundo modelo.

Relatório de Índices

Demonstrativo de Disponibilidade

$$\text{DISP} = \frac{\text{TMEF}}{\text{TMEF} + \text{TMPR}} = \frac{2450}{2450 + 25} = 0{,}989$$

onde TMEF = Tempo Médio Entre Falhas

TMPR = Tempo Médio Para Reparo

DISP = Disponibilidade

Fontes: Banco de Dados da Manutenção

2.8.2 – Outro Exemplo de Relatório de Manutenção com Índice

O relatório a seguir é feito com dados proveniente de valores da Manutenção e da Operação. Com isto é necessário indicar as duas fontes de informação.

Relatório de Índices

Demonstrativo de Disponibilidade

$$\text{DISP} = \frac{\text{TTOT} - \text{TRPT}}{\text{TTOT}} = \frac{2475 - 25}{2475} = 0{,}989$$

onde TTOT = Tempo Total desejado operar às vezes Tempo Calendário.

TRPT = Tempo de Reparos Totais

DISP = Disponibilidade

Fontes: Dados de Manutenção = Banco de Dados da Manutenção
Dados de Operação = Gerência de Operação.

É muito importante que citemos a fonte da informação, dentro de um processo de transparência que deve existir em todas as atividades.

Note ainda que a fórmula utilizada na segunda opção é diferente e apenas os valores numéricos são os mesmos mas expressam coisas diversas.

Capítulo 3

Indicadores de Capacitação da Manutenção

3.1 – Resumo
Nesta parte iremos discutir índices e indicadores que medem a capacitação do conjunto da Manutenção e da Operação, ou seja, uma visão corporativa da atividade.

3.2 – Algumas Definições
Para melhor entendimento vamos iniciar relembrando o significado de algumas palavras.
- **Capacitação** conforme o dicionário: Ato ou efeito de capacitar-se.
- **Capacitar-se:** Tornar-se capaz. Habilitar-se.
- **Capaz**: o que tem competência ou aptidão. O que tem habilidade.
- **Capacitação pessoal:** Seqüência de eventos que inclui conscientização, treinamento, educação e filosofia de vida, para proporcionar conhecimentos e habilidades a um profissional ou a uma pessoa para que ela esteja apta a exercer uma determinada profissão, dentro de preceitos e especificações que atendam a requisitos de qualidade do processo ou do prestador de serviços.
- **Capacitação profissional:** Conjunto de conhecimentos e habilidades obtidas através de formação, treinamento e/ou experiência, que tornam um indivíduo apto a exercer uma ocupação ou profissão.
- **Certificação:** Atividade executada por entidade autorizada, para determinar, verificar e atestar por escrito, a qualificação de profissionais, de acordo com os requisitos preestabelecidos.
- **Procedimento de Manutenção Padrão:** Um documento escrito e aprovado no Sistema da Qualidade que descreve como uma tarefa deve ser executada, citando cuidados necessários sobre saúde, meio ambiente e segurança, citando ferramentas, valores de ajustes, sobressalentes, tempo de execução, cuidados no recebimento do equipamento e na devolução dele para a Operação entre outras necessidades. Conhecido pela sigla **PMP**. O mesmo que Instrução de Manutenção

3.3 – Introdução

Conforme visto acima, os Indicadores de Capacitação tratarão sobre a aptidão ou sobre a competência da equipe de manutenção, suas instalações, seu ferramental, seu conhecimento para executar as tarefas que lhe serão propostas ou que lhe serão solicitadas.

Tratam não só sobre as pessoas mas também sobre a qualidade das pessoas e o treinamento que receberam na empresa e fora dela; tratarão sobre suas ferramentas; tratarão sobre as instalações que a manutenção utiliza na empresa; tratarão sobre a organização desta manutenção; sobre sua documentação, seus manuais e seus procedimentos documentados, e etc.

Estes indicadores devem ser calculados não apenas para a Manutenção como um todo; para cada equipe ou seção da manutenção, mas também devem ser calculados nos mesmos parâmetros para as equipes de operação.

Em condições normais é suficiente o cálculo e publicação destes indicadores a cada seis meses ou a cada ano. Lembre que para informar sobre percentual, o uso do gráfico circular ou "torta" é mais indicado. Para informar sobre totais absolutos os gráficos de coluna são melhores.

Como o leitor irá constatar os indicadores sugeridos medem sempre o total de uma variável e logo a seguir sugerimos o uso do percentual desta variável.

Assim iremos sugerir que se apure, por exemplo, uma variável medindo em total absoluto e logo em seguida o percentual executado. O percentual pode ser, sobre o quadro total e ainda sobre o quanto se andou em direção à meta.

Treinar ou capacitar 40 colaboradores é uma tarefa. Treinar 10 colaboradores em 40 é treinar 25% do quadro. Se a meta for de 25% ela foi 100% atingida. Serão três indicadores diferentes.

Vamos então para algumas sugestões.

3.4 – Total de Executantes Certificados

3.4.1 – Finalidade
Determinar o total de profissionais executantes de manutenção certificados na sua empresa.

3.4.2 – Modo de Cálculo
Computar o total de executantes de manutenção certificados citando qual a instituição certificadora e qual o programa (Ex. Abraman – PNQC) ou qual o organismo certificador e seu programa.

3.4.3 – Período de Apuração
O recomendado é apuração anual.

3.4.4 – Comentários
Este indicador pode ser usado para o pessoal de manutenção, para os colaboradores da Operação, pode ser publicado em gráfico de colunas empilhadas bem como em gráfico circular, etc.

Este indicador pode medir o total certificado na sua empresa, por apenas uma instituição ou, ainda, indicar o total de colaboradores certificados por toda e qualquer instituição.

Pode ser desdobrado em partes, por exemplo, para a manutenção, para a operação, e etc.

3.5 – Percentual de Executantes Certificados

3.5.1 – Finalidade
Determinar o percentual de profissionais executantes de manutenção certificados.

3.5.2 – Modo de Cálculo
Computar o total de executantes de manutenção certificados em todas e qualquer instituição e decidir pelo total de executantes de manutenção, citando qual a instituição certificadora e qual o programa (Ex. Abraman PNQC) ou qualquer outro organismo certificador e seu programa.

3.5.3 – Período de Apuração
O recomendado é apuração anual.

3.5.4 – Comentários
Este indicador pode ser usado para o pessoal de manutenção, para os colaboradores da Operação, pode ser publicado em gráfico de colunas empilhadas bem como em gráfico circular, etc.

Este indicador pode medir o total certificado na sua empresa, por apenas uma instituição ou, ainda, indicar o total de colaboradores certificados por toda e qualquer instituição.

Pode ser desdobrado em partes, por exemplo, para a manutenção, para a operação, e etc.

3.6 – Total de Horas em Treinamento do Pessoal

3.6.1 – Finalidade
Este indicador demonstra o total de horas de treinamento dos colaboradores da manutenção ou da operação que foi gasto em atividades de treinamento.

3.6.2 – Modo de Cálculo
HTRT = (somatório de horas de treinamento da equipe de manutenção no período)

onde HTRT = Total de Homem.hora em treinamento no período.

3.6.3 – Período de Apuração
O recomendado é apuração anual.

3.6.4 – Comentários
Este indicador pode ser usado para o pessoal de manutenção, para os colaboradores da Operação, pode ser publicado em gráfico de colunas empilhadas bem como em gráfico circular, etc.

Este indicador pode medir o total certificado na sua empresa, por apenas uma instituição ou, ainda, indicar o total de colaboradores certificados por toda e qualquer instituição.

Pode ser desdobrado em partes, por exemplo, para a manutenção, para a operação, e etc.

3.7 – Percentual de Horas em Treinamento do Pessoal

3.7.1 – Finalidade
Este indicador demonstra o percentual de horas de treinamento dos colaboradores da manutenção e da operação em treinamento.

3.7.2 – Modo de Cálculo
PHTR = HTRT dividido por HHRE do período.

onde   PHTR = Percentual de Homem.hora em treinamento no período.

HTRT = Total de Homens.hora em treinamento no período.

HHRE = Total de Homens.hora realizado no período (Realmente trabalhados).

3.7.3 – Período de Apuração
O recomendado é apuração anual.

3.7.4 – Comentários
Este indicador pode ser usado para o pessoal de manutenção, para os colaboradores da Operação, pode ser publicado em gráfico de colunas empilhadas bem como em gráfico circular, etc.

Este indicador pode medir o total certificado na sua empresa, por apenas uma instituição ou, ainda, indicar o total de colaboradores certificados por toda e qualquer instituição.

Pode ser desdobrado em partes, por exemplo, para a manutenção, para a operação, e etc.

3.8 – Total de Horas Usadas em Treinamento Técnico Afim

3.8.1 – Finalidade
Este indicador demonstra em termos absolutos quantos homens.hora de treinamento são fornecidas aos colaboradores da manutenção, e da operação, na atividade fim da empresa.

Neste indicador em particular só contam as horas em treinamento de assuntos técnicos de interesse da empresa.

3.8.2 – Modo de Cálculo
HTTA = (total de Hh em treinamento dividido pelo HTRT).

3.8.3 – Período de Apuração
O recomendado é apuração anual.

3.8.4 – Comentários
Os mesmos dos indicadores anteriores.

3.9 – Percentual de Horas Usadas em Treinamento Técnico Afim

3.9.1 – Finalidade
Este indicador demonstra em termos relativos quantos do total de homens.hora de treinamento técnico são fornecidas aos colaboradores da manutenção.

Neste indicador em particular só contam as horas em treinamento de assuntos técnicos de interesse da empresa.

3.9.2 – Modo de Cálculo
PTTA = (total de Hh em treinamento dividido pelo HTRT)

3.9.3 – Período de Apuração
O recomendado é apuração anual.

3.9.4 – Comentários
Os mesmos dos indicadores anteriores.

3.10 – Total de Horas Usadas em Treinamento Técnico não Afim

3.10.1 – Finalidade
Este indicador demonstra em termos absolutos quantos homens.hora de treinamento técnico são fornecidas aos colaboradores da manutenção, e da operação, em assuntos técnicos diferentes da atividade fim da empresa..

Neste indicador em particular só contam as horas em treinamento de assuntos técnicos de interesse da empresa.

3.10.2 – Modo de Cálculo
HTTN = (total de Hh em treinamento dividido pelo HTRT)

3.10.3 – Período de Apuração
O recomendado é apuração anual.

3.10.4 – Comentários
Os mesmos dos indicadores anteriores.

3.11 – Percentual de Horas Usadas em Treinamento Técnico não Afim

3.11.1 – Finalidade
Este indicador demonstra em termos relativos quantos do total de homens.hora de treinamento técnico são fornecidas aos colaboradores da manutenção, e da operação.

Neste indicador em particular só contam as horas em treinamento de assuntos técnicos de interesse da empresa.

3.11.2 – Modo de Cálculo
PTTN = (total de Hh em treinamento dividido pelo HTRT).

3.11.3 – Período de Apuração
O recomendado é apuração anual.

3.11.4 – Comentários
Os mesmos dos indicadores anteriores.

3.12 – Total de Horas Usadas em Treinamento não Técnico

3.12.1 – Finalidade
Este indicador demonstra, em termos absolutos, quantos homens.hora de treinamento em assuntos não técnico são fornecidas aos colaboradores da manutenção, e da operação, em assuntos técnicos diferentes da atividade fim da empresa..

Neste indicador em particular só contam as horas em treinamento de assuntos não técnicos.

3.12.2 – Modo de Cálculo
HTNT = (total de Hh em treinamento em assuntos não técnicos dividido pelo HTRT).

3.12.3 – Período de Apuração
O recomendado é apuração anual.

3.12.4 – Comentários
Os mesmos dos indicadores anteriores.

3.13 – Percentual de Horas Usadas em Treinamento não Técnico

3.13.1 – Finalidade
Este indicador demonstra em termos relativos quantos homens.hora de treinamento tem assuntos não técnico são fornecidas aos colaboradores da manutenção, e da operação, em assuntos técnicos diferentes da atividade fim da empresa..

Neste indicador em particular só contam as horas em treinamento de assuntos não técnicos.

3.13.2 – Modo de Cálculo
PTNT = (total de Hh em treinamento em assuntos não técnicos dividido pelo HTRT).

3.13.3 – Período de Apuração
O recomendado é apuração anual.

3.13.4 – Comentários
Os mesmos dos indicadores anteriores.

3.14 – Total de Colaboradores Treinados

3.14.1 – Finalidade
Este indicador demonstra, em termos absolutos, quantos colaboradores foram treinados, na manutenção e na operação, na empresa, desde uma data ou neste ano fiscal. Pode ser levantado para uma categoria ou tipo de mão de obra qualquer ou para todo o quadro.

3.14.2 – Modo de Cálculo
TCTR= (total de colaboradores treinados no período considerado).

3.14.3 – Período de Apuração
O recomendado é apuração anual, mas pode ser considerado qualquer outro período.

Pode-se também informar o total treinado desde certa data.

3.14.4 – Comentários
Este indicador pode ser usado para o pessoal de manutenção, para os colaboradores da Operação, pode ser publicado em gráfico de colunas empilhadas bem como em gráfico circular, etc.

Este indicador pode medir o total certificado na sua empresa, por apenas uma instituição ou, ainda, indicar o total de colaboradores certificados por toda e qualquer instituição.

Pode ser desdobrado em partes, por exemplo, para a manutenção, para a operação e etc.

3.15 – Percentual de Colaboradores Treinados

3.15.1 – Finalidade
Este indicador demonstra, em termos relativos, quantos colaboradores foram treinados na empresa, na manutenção e na operação, desde uma data ou dentro de um determinado período. Pode ser levantado para uma categoria ou tipo de mão de obra qualquer ou para todo o quadro.

3.15.2 – Modo de Cálculo
PCTR= (total de colaboradores treinados no período considerado).

3.15.3 – Período de Apuração
O recomendado é apuração anual, mas pode ser considerado qualquer outro período.
Pode-se também informar o total treinado desde certa data.

3.16 – Custo do Treinamento em Unidades Monetárias

2.16.1 – Finalidade
Este indicador demonstra, em termos absolutos, quanto, em moeda corrente, foi gasto em treinamento, na manutenção, ou na operação, ou na empresa, desde uma data ou neste ano fiscal.
Este indicador deve incluir todas as despesas efetuadas, incluindo passagens, diárias, estadias, etc.

3.16.2 – Modo de Cálculo
CCTR= (total do custo de treinamento dos colaboradores treinados no período considerado).

3.16.3 – Período de Apuração
O recomendado é apuração anual, mas pode ser considerado qualquer outro período.
Pode-se também informar o total treinado desde certa data.

3.16.4 – Comentários
Este indicador é para valor absoluto da unidade monetária vigente. Adiante ele está repetido em percentual das despesas de manutenção. Este indicador pode ser em relação ao total gasto em manutenção, ou em relação a uma verba total solicitada para treinamento, ou ainda em relação ao total gasto em treinamento em toda a empresa.

3.17 – Percentual de Custo do Treinamento na Manutenção

3.17.1 – Finalidade
Este indicador demonstra, em termos relativos, quanto, em relação a uma variável qualquer (folha de pagamento ou previsão orçamentária), foi gasto em treinamento, na manutenção, ou na operação, ou na empresa, desde uma data ou neste ano fiscal.

3.17.2 – Modo de Cálculo
PCTR= (total do custo de treinamento dos colaboradores treinados no período considerado dividido pela variável considerada).

Você pode calcular o percentual gasto em treinamento sobre o total gasto em manutenção, o percentual gasto em treinamento na manutenção sobre o total gasto em treinamento na empresa, ou o percentual gasto em treinamento na manutenção pela sua folha de pagamento etc.

3.17.3 – Período de Apuração
O recomendado é apuração anual mas pode ser considerado qualquer outro período.

3.17.4 – Comentário
Este indicador pode ser em relação ao total gasto em manutenção, ou em relação a uma verba total solicitada para treinamento, ou ainda em relação ao total gasto em treinamento em toda a empresa

3.18 – Total de Procedimentos de Manutenção Padrão Necessários

3.18.1 – Finalidade
Este indicador serve para demonstrar o quanto a manutenção necessita se documentar para estar preparada para realizar as suas tarefas.

Para isto as tarefas mais importantes ou as tarefas em equipamentos prioritários deverão ser descritas e documentadas. As tarefas deverão estar disponíveis e inseridas em seu programa de CMMS, ou Programa de Planejamento e Controle de Manutenção.

3.18.2 – Modo de Cálculo
Total de PMP estimados como necessários para montagem.

3.18.3 – Período de Apuração
O recomendado é apuração anual, mas pode ser considerado qualquer outro período.

3.18.4 – Comentário

Este indicador é sempre sobre o total necessário.

3.19 – Total de Procedimentos de Manutenção Padrão Existentes

3.19.1 – Finalidade

Este indicador serve para demonstrar o quanto a manutenção já está preparada e documentada para realizar as suas tarefas.

Considerar para isto as tarefas já existentes e já descritas e documentadas. As tarefas devem ser as disponíveis e inseridas em seu programa de CMMS, ou Programa de Planejamento e Controle de Manutenção.

3.19.2 – Modo de Cálculo

Total de PMP descritos.

3.19.3 – Período de Apuração

O recomendado é apuração anual, mas pode ser considerado qualquer outro período.

3.19.4 – Comentário

Este indicador é sempre sobre o total já existente.

Se relacionado contra a total necessário, é o indicador a seguir.

3.20 – Percentual de Procedimentos de Manutenção Padrão no Sistema

3.20.1 – Finalidade

Este indicador serve para informar, de modo relativo, quantos procedimentos já estão documentados e inseridos ou em uso no Sistema de Manutenção.

3.20.2 – Modo de Cálculo

Computar o total de equipamentos com PMP.

Computar o total de equipamentos vitais.

Dividir um pelo outro. O resultado é um indicador de como o nosso pessoal está documentado para efetuar a tarefa de modo correto e dentro de padrões certificados.

3.20.3 – Período de Apuração

O recomendado é apuração anual, mas pode ser considerado qualquer outro período.

3.21 – Total de Equipamentos com PMP Necessários

3.21.1 – Finalidade
Este indicador serve para demonstrar em quantos equipamentos a manutenção deverá se preparar e documentar as tarefas para realizar as manutenções dentro de padrões necessários.

Considerar para isto os equipamentos existentes a documentar as tarefas e que deverão ser inseridas no programa de CMMS, ou Programa de Planejamento e Controle de Manutenção.

3.21.2 – Modo de Cálculo
Total de equipamentos a serem documentados.

3.21.3 – Período de apuração
O recomendado é apuração anual, mas pode ser considerado qualquer outro período.

3.21.4 – Comentário
Este indicador é sempre sobre o total de equipamentos a documentar.
Se relacionado contra a total necessário, é o indicador a seguir.

3.22 – Percentual de Equipamentos com PMP no Sistema

3.22.1 – Finalidade
Este indicador serve para informar, de modo relativo, quantos equipamentos já possuem as instruções de Manutenção Padrão documentadas e inseridas ou em uso no Sistema de Manutenção.

3.22.2 – Modo de Cálculo 1
Computar por total de equipamentos com PMP já no sistema dividido pelo total de equipamentos a documentar.

3.22.3 – Modo de Cálculo 2
Computar por total de equipamentos vitais e dividir pelo total de equipamentos vitais a documentar as tarefas.

O resultado é um indicador de como o nosso pessoal está documentado para efetuar a tarefa de modo correto e dentro de padrões certificados nestes equipamentos vitais.

3.22.4 – Período de Apuração
O recomendado é apuração anual, mas pode ser considerado qualquer outro período.

3.23 – Total de Ferramentas Existentes na Manutenção

3.23.1 – Finalidade
Indicar quanto de ferramental existe na manutenção.

3.23.2 – Modo de Cálculo
Contar quantas ferramentas existem na manutenção.
Evidentemente se formos contar uma a uma, isto será uma tarefa muito demorada. Recomenda-se que o melhor modo de obter este resultado, é fazer uma estimativa a partir da contagem de quantas ferramentas estão dentro de cada caixa de ferramentas padrão por profissional, quantos profissionais existem com caixas padrão e estimar este total.

3.23.3 – Período de Apuração
O recomendado é apuração anual, mas pode ser considerado qualquer outro período.

3.24 – Total de Ferramentas Especiais Necessárias

3.24.1 – Finalidade
Documentar quantas ferramentas especiais são necessárias para uma correta manutenção.

3.24.2 – Modo de cálculo
Computar o total de ferramentas especiais a manutenção necessita, conforme detectado. Pode ser por recomendação do fabricante, por pesquisa em manuais, etc.

3.24.3 – Período de Apuração
O recomendado é apuração anual, mas pode ser considerado qualquer outro período.

3.25 – Total de Ferramentas Especiais Existentes

3.25.1 – Finalidade
Documentar quantas ferramentas especiais necessárias existem na empresa para uma correta manutenção, ou seja, quantas a manutenção possui.

3.25.2 – Modo de Cálculo
Computar quantas ferramentas especiais necessárias existem na empresa para uma correta manutenção.

3.25.3 – Período de Apuração
O recomendado é apuração anual, mas pode ser considerado qualquer outro período.

3.26 – Percentual de Ferramentas Especiais Existentes

3.26.1 – Finalidade
Indicar o percentual de ferramentas especiais necessárias para uma correta manutenção existem na empresa.

3.26.2 – Modo de Cálculo
Computar quantas ferramentas especiais necessárias existem na empresa para uma correta manutenção e dividir pela quantidade necessária conforme levantado.

3.26.3 – Período de Apuração
O recomendado é apuração anual, mas pode ser considerado qualquer outro período.

3.27 – Custo das Ferramentas de Uso Normal Existentes

3.27.1 – Finalidade
Informar ao administrador o valor, em unidades monetárias, da ferramentas existentes.

3.27.2 – Modo de Cálculo
Somar as importâncias gastas na aquisição destas ferramentas.

3.27.3 – Período de Apuração
O recomendado é apuração anual, mas pode ser considerado qualquer outro período.

3.28 – Custo das Ferramentas Especiais Existentes

3.28.1 – Finalidade
Informar ao administrador o valor, em unidades monetárias, da ferramentas especiais existentes.

3.28.2 – Modo de Cálculo
Somar as importâncias gastas na aquisição destas ferramentas especiais.

3.28.3 – Período de Apuração

O recomendado é apuração anual, mas pode ser considerado qualquer outro período.

3.28.4 – Comentário

Aqui é necessário distinguir bem o que é ferramental normal e o que é especial ou diferente da maioria das empresas.

3.29 – Custo Total das Ferramentas Existentes na Manutenção

3.29.1 – Finalidade

Informar ao Administrador o que foi gasto em unidades monetárias neste item.

3.29.2 – Modo de cálculo

Somar as importâncias gastas na aquisição do ferramental.

3.29.3 – Período de Apuração

O recomendado é apuração anual, mas pode ser considerado qualquer outro período.

3.30 – Idade Média das Ferramentas

3.30.1 – Finalidade

Determinar a idade média apenas das ferramentas especiais da Manutenção.

3.30.2 – Modo de Cálculo

Determinar quais as ferramentas que farão parte deste conjunto. Um dos critérios mais usados é determinar um valor mínimo, em unidades monetárias, e calcular a idade média destas ferramentas. Existem outros modos, mas aqui vamos ficar com apenas um deles.

3.30.3 – Período de Apuração

O recomendado é apuração anual, mas pode ser considerado qualquer outro período.

3.31 – Idade Média das Máquinas Usadas na Manutenção

3.31.1 – Finalidade

Determinar a idade média apenas das máquinas especiais da Manutenção.

3.31.2 – Modo de Cálculo

Determinar quais as máquinas que farão parte deste conjunto. Um dos critérios mais usados é determinar um valor mínimo, em unidades monetárias, e calcular a idade média destas ferramentas.

Existem outros modos, mas aqui vamos ficar com apenas um deles.

3.31.3 – Período de Apuração

O recomendado é apuração anual, mas pode ser considerado qualquer outro período.

3.31.4 – Comentário

Este indicador pode ser feito para todas as máquinas ou apenas para as máquinas especiais.

3.32 – Comentários Sobre este Capítulo

Como pudemos verificar uma grande quantidade de indicadores podem ser montados para demonstrar o que temos em mão para fazer nossas tarefas e o como estamos preparados.

Depois iremos para a parte "como estamos usando o que temos", ou melhor, medir o nosso desempenho na prestação de serviços de manutenção.

Capítulo 4

Indicadores da Capacidade Produtiva

4.1 – Objetivo

Nesta parte iremos discutir índices e indicadores que tratam do desempenho conjunto da Manutenção e da Operação, ou seja, uma visão corporativa da atividade.

Não podemos esquecer da equação:

$$\text{PRODUÇÃO} = \text{OPERAÇÃO} + \text{MANUTENÇÃO}$$

Isto quer dizer que para haver produção de bens, produção de qualquer item em qualquer local, além de diversos outros fatores, as máquinas devem ser bem operadas e devem ser bem mantidas.

A aceitação da equação acima é básica para o bom entendimento e para o bom desempenho da empresa como um todo.

No entanto, para criarmos indicadores de manutenção e de sua performance sobre os negócios da empresa, precisamos antes de mais nada saber o que a empresa pode fazer com os equipamentos atuais, e ainda como está fazendo.

Deveremos ainda determinar, no caso usual de produzirmos menos que o que idealizamos, qual dos fatores é que nos está impedindo de chegar ao teórico 100% de produção.

4.2 – Medições da Capacidade da Manutenção com a Produção

Como sabemos a Manutenção, a Produção ou Operação trabalhando juntas produzem um resultado que pode afetar a Empresa como um todo. Então iremos analisar o desempenho em conjunto. A capacidade do negócio em conjunto, manutenção e operação, pode ser medida de várias maneiras, ou seja, a Capacidade Requerida, a Capacidade Percentual Utilizada, Performance Global do Equipamento, OEE, entre outros. Chamamos de Capacidade de Atuar em Conjunto.

4.3 – Medição da Capacidade Instalada

4.3.1 – Finalidade

Indicar e tornar evidente a capacidade da unidade industrial a ser medida, pois é um parâmetro de projeto ou de investimento. É a capacidade que se desejou ao adquirir o ativo.

Este é um Indicador de Capacitação.

4.3.2 – Representação

Capacidade Instalada – **CAPI**.

Esta capacidade nada mais é que a capacidade nominal das máquinas ou de determinado ativo de produzir uma determinada quantidade de bens, e que deve ser a que foi especificada no projeto e que deve ser a capacidade nominal das máquinas instaladas.

Deste modo, ao adquirir, por exemplo, 10 (dez) equipamentos com capacidade nominal de 5 (cinco) unidades por hora, cada um, teremos uma capacidade de produção de 50 (cinqüenta) peças por hora de funcionamento. Se a fábrica receber um pedido de 2000 (duas mil) peças poderia atender em apenas 40 horas, funcionando com as máquinas na capacidade nominal, dentro deste tempo. Lógico que se a encomenda fosse de 4000 (quatro mil) peças elas poderiam ser fabricadas em cerca de 80 horas.

4.3.3 – Período de Medição

Este indicador é uma característica dos equipamentos adquiridos, dos equipamentos conforme foram projetados e montados pelos seus fabricantes. Este indicador é a capacidade de projeto ou a capacidade especificada na ocasião da aquisição. A unidade de medição é "tempo" e no nosso exemplo é medido em horas de funcionamento para conseguir a meta de "x" unidades.

4.4 – Medição da Capacidade Requerida

4.4.1 – Finalidade

Indicar aos Gerentes de Produção e de Manutenção o tempo real necessário para produzir determinada encomenda.

Note que este indicador só considera a capacidade de produção e não considera perdas por qualidade nem por manutenção.

4.4.2 – Representação

Capacidade Requerida = **CAPR**.

A capacidade requerida, como aqui abordada, nada mais é do que o tempo de funcionamento necessário da instalação, da linha ou de uma máquina para atender as solicitações dos clientes multiplicado pela capacidade de projeto de produção da linha, do sistema ou da máquina para atender aquela solicitação. Repare que aqui foram introduzidos os tempos de troca de ferramental, que no indicador anterior não foi considerado.

A Capacidade Requerida (**CAPR**) é o tempo para produzir a encomenda somado ao tempo de paradas para a troca de ferramentas e/ou de ajustes na linha. Desnecessário ressaltar, mas conveniente, que estes tempos são os tempos usados pela equipe de Operação, para produzir o bem solicitado.

Como exemplo, vamos fazer de conta que nossa empresa, em condições normais, para produzir 2000 peças de um determinado produto, necessite operar 20 horas por dia e cinco dias na semana, com paradas de tempo de quatro horas por dia para trocas de ferramental. Deve ficar claro que, neste exemplo, as máquinas estão trabalhando na sua capacidade nominal. Neste caso, para esta encomenda, será necessário um tempo de (cinco dias) x (20 horas por dia) ou seja, a capacidade para entregar esta encomenda ou este lote de 2000 peças é de 100 horas por semana. Isto quer dizer que a Capacidade Requerida para duas mil peças é de 100 horas de trabalho, com os equipamentos na carga de trabalho indicada, e que podem ser executadas as 2000 mil peças em 100 horas de trabalho na semana.

Se por qualquer problema os equipamentos renderem menos que o esperado, seja por problemas de manutenção ou de operação ou falta de matéria prima, será necessário trabalhar em horas extras para cumprir a carga semanal.

4.4.3 – Período de Medição

Aplicar este indicador todo o mês ou todo o período de avaliação do conjunto operação e manutenção. A unidade de medição é "tempo" e no nosso exemplo é medido em horas de funcionamento para conseguir a meta de "x" unidades. Conforme salientamos, existe tempo ocioso que deverá ser usado para cumprir a carga de trabalho esperada.

4.5 – Medição do Percentual Utilizado da Capacidade Instalada

4.5.1 – Finalidade

A Capacidade Percentual Utilizada é uma medida de quanto a capacidade do Investimento na Planta foi ou é utilizada. É uma relação entre a Capacidade Requerida e a Capacidade Instalada, no mesmo tempo.

Serve para indicar ao Administrador quanto da capacidade da instalação foi utilizada.

Repare que neste índice só trabalhamos com as capacidades e não consideramos perdas por qualidade nem por manutenção.

Este é um Indicador de Desempenho.

4.5.2 – Representação

Percentual Utilizado da Capacidade Instalada = PCIN.

4.5.3 – Modo de Cálculo

Fórmula = (Tempo da Capacidade requerida) / (tempo da capacidade total disponível).

No exemplo acima, a capacidade usada na semana foi de 100 horas de produção e a capacidade instalada para o mesmo tempo é de (sete dias) x (24 horas) = 168 horas.

Assim a Capacidade percentual Utilizada foi de (100) / (168) x (100) = 59,52% ou cerca de 60%. Note que estamos considerando todo o tempo a 100%, como base de cálculo.

4.5.4 – Período de Medição

Aplicar este indicador todo o mês ou todo o período de avaliação do conjunto operação e manutenção.

4.6 – Medição do Percentual não Utilizado da Capacidade

4.6.1 – Finalidade.

A Capacidade Percentual Não Utilizada é uma medida de quanto foi perdido da capacidade do Investimento na Planta. Do quanto não foi utilizada. É complemento para a unidade da Capacidade Percentual Utilizada.

Serve para indicar ao Administrador quanto da capacidade da instalação não foi utilizada.

Este é um indicador de Desempenho.

4.6.2 – Representação

A Capacidade Percentual Não Utilizada é a diferença para 100 (cem) da Capacidade Percentual Utilizada. Letras PCNU

Fórmula: PCNU = (100 – Capacidade Percentual Utilizada) = (100 – PCIN)

É muito conveniente e importante conhecer a capacidade não utilizada, particularmente quando poderá haver necessidade de se tomar decisão sobre eventual expansão de instalação que pode ser resolvida com aumento de utilização de equipamento ou linha.

No exemplo acima, encontramos que do investimento feito para a capacidade de produção instalada, apenas 60 (sessenta) por cento foi utilizada e que 40 (quarenta) por cento do investimento não está sendo utilizado e não importa quais sejam as razões ou desculpas.

4.7 – Performance Global dos Equipamentos

Este Indicador tem por finalidade medir a eficiência global de produção de um equipamento dentro de um determinado tempo de uso, e não está relacionado apenas com a produção, mas já está relacionado com outros fatores que interferem na capacidade da máquina produzir.

Neste caso, como nos ensina a TPM (Manutenção Produtiva Total), são consideradas as seis grandes perdas que são: a indisponibilidade pela manutenção (discutida em Gerencia de Máquinas) os tempos de ajustes ou "setup", as perdas devido eventual operação com velocidade reduzida, as paradas imprevistas, as perdas por qualidade e perdas por retrabalhos.

Assim, para abranger todos estas perdas estamos propondo o índice **PERF**, que é definido como a razão ou percentual obtido da divisão da quantidade produzida em um período pela produção total que poderia ser obtida no mesmo período se a máquina operasse sempre a plena capacidade, sem falhas, sem paradas para manutenção e sem outros fatores que causem perdas de produção.

No exemplo acima não consideramos eventuais paradas por falta de matéria prima, por falta de operador, por quebra de qualidade etc.

Nesta caso especial, a Performance Global do Equipamento, usando os mesmos números seria de 60% pois consideramos que não houve quebra, não se produziu sucata e não houve retrabalho nem parada imprevista.

Este é outro Indicador de Desempenho e de Gerenciamento.

4.7.1 – Representação e Modo de Cálculo

$$PERF = \frac{\text{produção vendável no período}}{\text{produção teórica no mesmo período}}$$

onde: produção vendável no período é a quantidade de bens que se produz no período em condição de serem vendidos ao preço de mercado. Isto inclui peças retrabalhadas e que obtenham a qualidade necessária.

produção teórica no período é a quantidade de bens possíveis de serem produzidos no mesmo período se fosse possível manter as máquinas trabalhando sempre na capacidade nominal, sem perda de tempo para nada. Isto quer dizer que se a máquina pode fazer exatamente uma peça por minuto, poderia fazer 60 (sessenta) peças por hora. No entanto, se devido a necessidades de abastecimento com matéria prima ela produzir 50 (cinqüenta) peças, você deve usar este valor de cinqüenta.

Recomendamos, aqui, o uso do tempo total do ciclo de produção para a produção do lote de peças, pois é o mais correto. Assim se as peças forem produzidas dentro da melhor técnica, do melhor treinamento, da melhor metodologia de operação considere este tempo.

Por exemplo: uma unidade pode ser carregada em meia hora com 2000 (duas mil) peças para produzir um lote, opera cerca de 9 (nove) horas para tratar estas duas mil peças, e meia hora para descarregar, a sua capacidade teórica é de duas mil peças por dez horas. Repare que aqui, na Capacidade Teórica, não estão incluídos os tempos gastos em manutenção e outros tempos que irão reduzir a capacidade final ao longo do ano, como por exemplo, a falta eventual de matéria prima, eventual falta de energia elétrica, domingos e feriados onde não se deseja trabalhar, etc.

4.7.2 – Comentário

Evidentemente isto dará sempre um número menor que a unidade, mas nos informa quanto estamos obtendo da capacidade teórica do equipamento em um determinado tempo. Se inadequadamente calculado deverá dar o mesmo valor da Capacidade Percentual Utilizada, mas a grande diferença está no tempo utilizado no denominador: o valor do tempo utilizado no denominador para o cálculo da produção teórica deve ser o tempo corrido ou o tempo calendário. Normalmente este indicador (PERF) possui um percentual menor que o PCIN.

4.8 – Eficiência dos Equipamentos

A eficiência dos equipamentos pode ser determinada de dois modos diferentes:
1. Medindo como eles foram operados e mantidos no ano calendário, e neste caso chamaremos de "TEEP".
2. Medindo como eles foram usados e mantidos no tempo que queríamos usar, e neste caso chamaremos de "OEE".

A diferença é enorme.

Na opção "1" você sempre calcula sobre o tempo base "ano" em horas totais ou seja 365 dias com 24 horas de cada dia. Na opção "2" você calcula sobre o tempo base que você desejar.

4.9 – OEE ou Eficiência Global dos Equipamentos

4.9.1 – Finalidade

Dentro do conceito de OEE, (**Overall Equipment Effectiveness** ou **Eficácia Total do Equipamento**) a Eficiência Global do Equipamento pode ser medida pela produção total de componentes ou partes entregues sem defeitos num determinado período de tempo, dividido pela produção teórica no mesmo período. O conceito, como explicado abaixo foi desenvolvido a partir da disseminação do uso do TPM, Total Productive Maintenance, Manutenção Produtiva Total, entre diversas traduções e usos da sigla, criada por Nakagima.

Este é outro Indicador de Desempenho e de Gerenciamento.

4.9.2 – Modo de Cálculo

EFGE = DISP x PERP x QUAL

Onde EFGE = Eficiência Global do Equipamento

DISP = Índice de Disponibilidade

PERP = Performance da Produção, no uso do equipamento.

QUAL = Índice de Qualidade.

Todos estes indicadores e seu uso estão definidos e exemplificados a seguir.

4.9.2.1 – Gráfico de OEE

A seguir o gráfico que ajuda a visualizar as variáveis introduzidas e sua repercussão na degradação da capacidade produtiva da linha.

Capítulo 4 – Indicadores da Capacidade Produtiva | 57

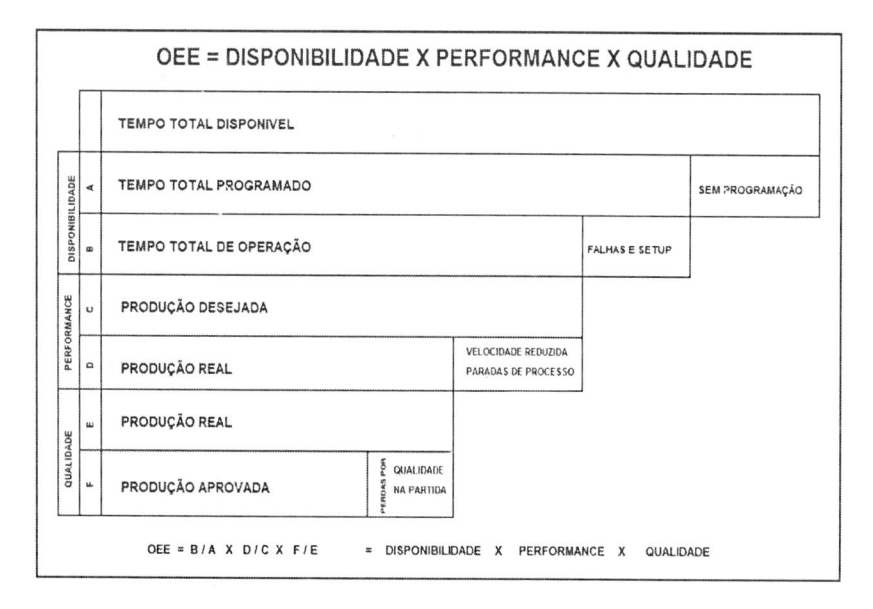

```
          OEE = DISPONIBILIDADE X PERFORMANCE X QUALIDADE

          TEMPO TOTAL DISPONIVEL
   A      TEMPO TOTAL PROGRAMADO                              SEM PROGRAMAÇÃO
   B      TEMPO TOTAL DE OPERAÇÃO                   FALHAS E SETUP
   C      PRODUÇÃO DESEJADA
                                             VELOCIDADE REDUZIDA
   D      PRODUÇÃO REAL                      PARADAS DE PROCESSO
   E      PRODUÇÃO REAL
                                      QUALIDADE
   F      PRODUÇÃO APROVADA           NA PARTIDA

          OEE = B/A X D/C X F/E  = DISPONIBILIDADE X PERFORMANCE X QUALIDADE
```

(Coluna esquerda: DISPONIBILIDADE, PERFORMANCE, QUALIDADE)

Figura 4.01

4.9.3 – Considerações – As Grandes Perdas

Como sabemos o TPM considera que existem seis grandes perdas que diminuem ou reduzem a capacidade produtiva dos equipamentos, e que se trabalharmos e atuarmos sobre estes seis itens conseguiremos reduzir as perdas e com isto aumentar a produção final que é o que nos interessa.

Conforme Haroldo Ribeiro [2000], existem diversos tipos de perda de produção que o autor citado inteligentemente dividiu em dois grupos, considerando o tipo de indústria, ou seja, aquelas de produção seriada e aquelas de produção contínua, aqui reproduzida com a permissão do mesmo.

4.9.3.1 – Produção Seriada

A produção seriada possui as seguintes perdas:

1. Perdas por Parada:
   a. Perda por parada acidental, onde o equipamento falha repentinamente, ou a quebra vem após uma degradação progressiva.
   b. Perda devido a parada para mudar o modelo ou produto a ser produzido, onde o equipamento é intencionalmente retirado de funcionamento, para que seja possível produzir outro modelo ou outro tipo de produto.
2. Perdas por performance:
   a. Perda por operação em vazio, devido a falta de produto na linha para ser processado.
   b. Perdas por pequenas paradas ou "chokotei" onde apesar de haver matéria prima para ser processada, por algum motivo, ela não chegou à máquina.

58 | Indicadores e Índices de Manutenção

    c. Perdas por velocidade reduzida ou queda de velocidade, que são problemas devidos à deficiências do processo que obriga a reduzir a velocidade de produção, ou redução intencional de velocidade pelo operador.

3. Perdas por má qualidade:

    a. Perdas por defeitos ou má qualidade, que são os tempos gastos para reprocessar as unidades com defeitos, ou para eliminar estas unidades.

    b. Perdas por defeitos gerados no início do processo produtivo, que são as perdas do processo na entrada em carga, perdas devido à instabilidade da linha de produção, inabilidade do operador, Máquina em ajustes, etc.

Numa linha de produção seriada estes problemas de produção e de manutenção devem ser reconhecidos e combatidos, pois eles fazem com a capacidade dos equipamentos ou da linha de produção para produzir bons componentes seja reduzida.

4.9.3.2 – Produção Contínua

A produção contínua possui de igual modo suas perdas que, segundo Haroldo Ribeiro [2000] são as seguintes:

1. Perdas por parada para manutenção.

    a. Perdas por parada da linha (shutdown), que são as perdas devido às paradas de manutenção periódica ou sistemática. Manutenção Preventiva.

    b. Perdas por ajuste de produção ou reentrada em processo, que são as perdas causadas pela produção reduzida enquanto a linha está entrando em carga plena.

2. Perdas por Pequenas paradas.

    a. Perdas por falhas em equipamentos, que são as perdas temporárias denominadas de "chokotei" devido a uma interrupção momentânea, por qualquer motivo.

    b. Perdas por falhas no processo produtivo, que são as perdas de produção devido a fatores externos, como os erros de operação, alterações de propriedades dos produtos antes de serem processados, podendo ocorrer entupimentos nos equipamentos, trincas, vibração, etc. e normalmente relatados como "anormalidades na operação ou produção".

3. Perdas de performance.

    a. Perdas normais de produção, que são as que ocorrem durante os processos normais de colocada em marcha ou de partida de equipamentos, como tempos de aquecimento, resfriamentos etc.

    b. Perdas anormais de produção, que são as perdas encontradas entre o que deveria ser feito (o que poderia) e o que realmente foi feito.

4. Perdas por má qualidade ou defeitos.

    a. Perdas em produtos defeituosos, que são as perdas de tempo para produzir produtos defeituosos, rejeitados, refugos, bem como as perdas financeiras devido às vendas de produto assim produzido e vendido sem reprocessamento por preço menor devido à má qualidade.

Capítulo 4 – Indicadores da Capacidade Produtiva | **59**

    b. Perdas por reprocessamento, que são as perdas de recursos que são gastos para reprocessar o produto ou o material não conforme. Pode ser além da mão de obra, o tempo dos equipamentos, as utilidades (água, energia elétrica, vapor, combustível, etc.)

Evidentemente um estudo mais acurado de como resolver estes problemas está completo dentro da área do TPM ou MPT, e aqueles que desejarem maior estudo do assunto recomendamos a aquisição de obras especializadas, entre elas a do autor citado.

4.9.3.3 – Agrupamento das Perdas

As perdas aqui citadas podem ser agrupadas em três conjuntos:

1. **Perdas devido a Indisponibilidade** que pode ser medida como complemento à Disponibilidade do Equipamento, que está bem detalhado na parte de Gerência de Máquinas mas que aqui vamos colocar apenas uma delas.

   DISP = [TOPT / (TOPT+TRPT)].

   onde DISP = Disponibilidade.

   TOPT = Tempo de Operação Total.

   TRPT = Tempo de Reparo Total.

   Assim se num tempo desejado de produção de 1000 horas, trabalhamos apenas 900 (TOPT) e perdeu-se 100 horas devido à equipamento não disponível para produzir, teremos

   DISP = [TOPT / (TOPT+TRPT)] = 900 / (900+100) = 900 / 1000 = 0,9 => 90%.

2. **Perdas devido à má performance** a ser medida como o complemento à Performance ou seja o quanto se produziu contra o que se poderia haver produzido.

   PERP = [(TTCP x NUPP) / TOPT].

   onde PERP = Performance Operacional de Produção.

   TTCP = Tempo teórico do Ciclo de Produção.

   NUPP = Número ou quantidade de peças produzidas neste tempo.

   TOPT = Tempo de Operação Total.

   Assim se produzimos 720 peças com um ciclo de produção de uma hora por peça, no tempo disponível de 900 horas (TOPT) temos:

   PERP = [(TCTP x NUPP) / TOPT] = 1 x 720 / 900 = 0,8 => 80%.

3. **Perdas devido à má qualidade** que são as perdas que acontecem quando descartamos da linha ou da quantidade produzida os produtos que não estão conforme as especificações e que são sucatas ou devem ser reprocessados e medidos como complemento à unidade da qualidade.

   QUAL = [(NUPP – NUPR) / NUPP]

   onde QUAL = indicador de qualidade do processo.

   NUPP = Número ou quantidade de peças produzidas neste tempo.

   NUPR = número de peças rejeitadas por qualidade ou para reprocessamento.

   Deste modo se das 720 peças produzidas apenas 684 foram aprovadas, temos

   QUAL = [(NUPP – NUPR) / NUPP] = 720 – 36 / 720 = 0,95 => 95%.

4. A **Eficiência Global do Equipamento** será o produto deste três índices.

$$EFGE = DISP \times PERP \times QUAL$$

Onde EFGE = Eficiência Global do Equipamento

DISP = Índice de Disponibilidade

QUAL = Índice de Qualidade.

EFGE = DISP x PERP x QUAL = 0,90 x 0,80 x 0,95 = 0,684 => 68,4% que é o percentual que obtivemos do equipamento, nas condições citadas e no tempo utilizado, considerando os critérios de qualidade utilizados para aprovar o produto.

EFGE = 0,684.

4.9.3.4 – O Mesmo Gráfico de OEE

Repetimos o gráfico que ajuda a visualizar as variáveis introduzidas e sua repercussão na degradação da capacidade produtiva da linha.

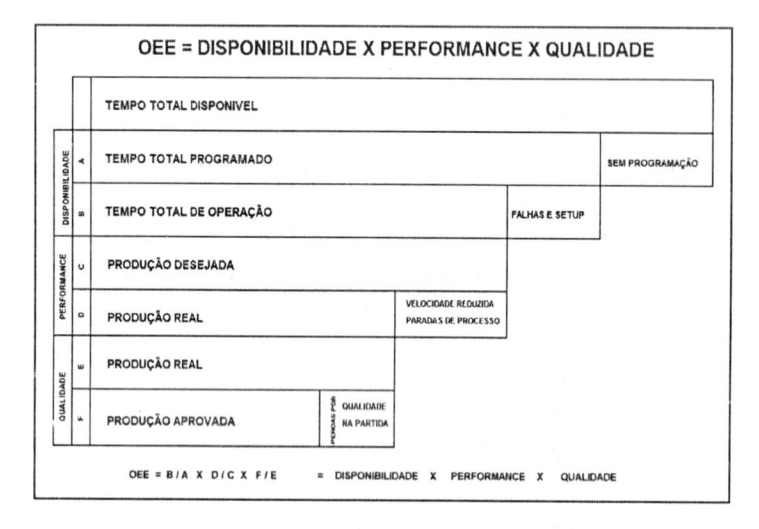

Figura 4.02

4.9.4 – Outra Abordagem de OEE

Agora abordaremos o mesmo assunto de modo diferente.

1. Perdemos tempo de produção porque não nos interessa trabalhar todos os dias do ano, nas vinte e quatro horas do dia. Isto reduz o tempo em que poderíamos produzir. Não entramos no mérito se é domingo, se é feriado ou se é período de férias coletivas. É um período onde não se deseja produzir, seja qual for o motivo.

   Não considerando as empresas de processamento contínuo, é usual em nossa cultura trabalharmos (empresa funcionando) na maior parte das vezes apenas oito horas por dia e cinco dias na semana. Isto reduz a capacidade de produzir de 365 dias com 24 horas para cerca de 220 dias por ano, já descontando 52 sábados, 52 domingos e algumas outras festas e feriados.

2. Perdemos tempo produtivo, porque, dentro do tempo que desejamos trabalhar produzindo os bens que necessitamos deve existir um tempo para a manutenção trabalhar nos equipamentos.

   Infelizmente, devido à necessidade de manter disciplinas e horários, as equipes de manutenção na maior parte das empresas, só trabalham nos horários administrativos, que nesta maior parte coincide com o horário ou tempo produtivo. Novamente às máquinas trabalham menos do que poderiam.

3. Novamente perdemos mais tempo devido paradas de rotina onde estão incluídas as paradas e tempos de ajustes, mudanças de linha de produção, etc.

4. Mais uma vez, do tempo restante descontamos os tempos de paradas inesperadas e que discutimos a seguir e nos sobre o tempo real de operação.

5. Do tempo real de operação descontamos os tempos usados para produzir produtos defeituosos ou com qualidade não satisfatória.

4.10 – Medição por TEEP

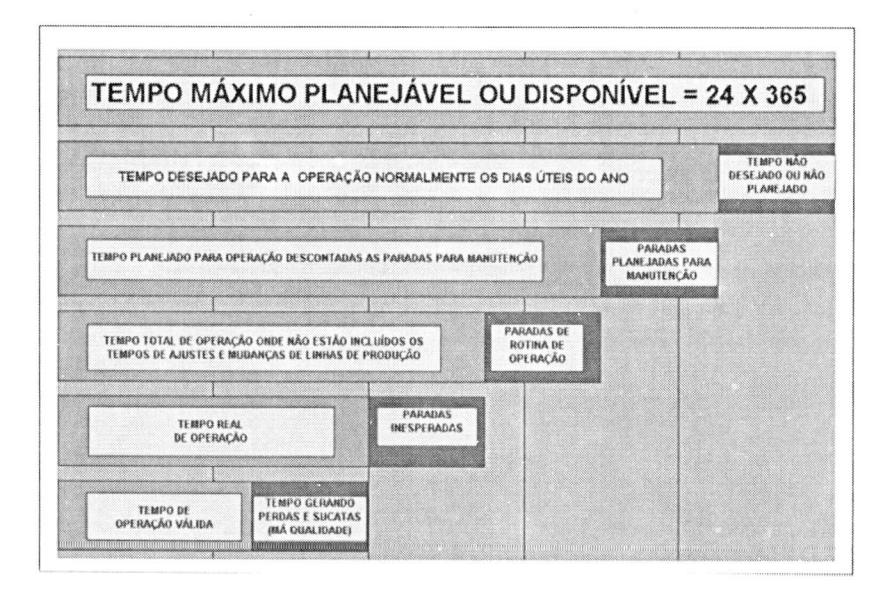

Figura 4.03

Na primeira linha da figura chamamos a atenção de que como base é tomado o tempo total do ano, ou seja, 365 dias de 24 horas, num total de 8760 horas anuais.

Na segunda linha da figura, chamamos atenção para o tempo perdido onde o equipamento não irá trabalhar devido não haver desejo de programar a produção, por qualquer motivo, seja feriado, seja festas internas ou seja falta de encomendas.

Indicadores e Índices de Manutenção

Na terceira linha iremos abranger as perdas de produção devido a indisponibilidade por manutenção,

Na quarta linha as perdas de produção devido a partidas (startup), a colocação em marcha (setup) troca de linha de produto bem como perdas de produção por trabalhar em velocidade menor que a nominal.

Na quinta linha descontamos as paradas inesperadas, por exemplo, falhas em equipamentos de apoio, falta de matéria prima e outros imprevistos.

Na última linha ficam as perdas de produção devido má qualidade e retrabalhos devido qualquer problema seja mão de obra ou matéria prima.

Usa-se normalmente chamar, como já dissemos OEE ou Eficiência Global do Equipamento, que por simplificação chamamos de Performance Global do Equipamento.

4.10.1 Recomendação sobre OEE e TEEP

No nosso caso, recomendamos que você, com o uso da "internet" use esta facilidade e procure diversos sítios ou "sites" onde este assunto é abordado, e baixe daqueles sítios as diversas interpretações que cada um discute, sem esquecer que, na maior parte, são locais de empresas que vendem consultoria e que vendem programas especializados para uso em computador, e que apuram o indicador OEE dentro da ótica do programador e da empresa.

O tratamento que melhor encontramos como adequado é o que representamos na figura abaixo, que é uma repetição do que já foi mostrada anteriormente.

Espero que você procure, como recomendado e que use o indicador que melhor representar a sua empresa. Não esqueça: a sua empresa pode necessitar de um indicador adequado à realidade dela.

Lembro que você poderá usar qualquer um deles.

É a cultura gerencial da sua empresa é que determinará qual é o mais indicado.

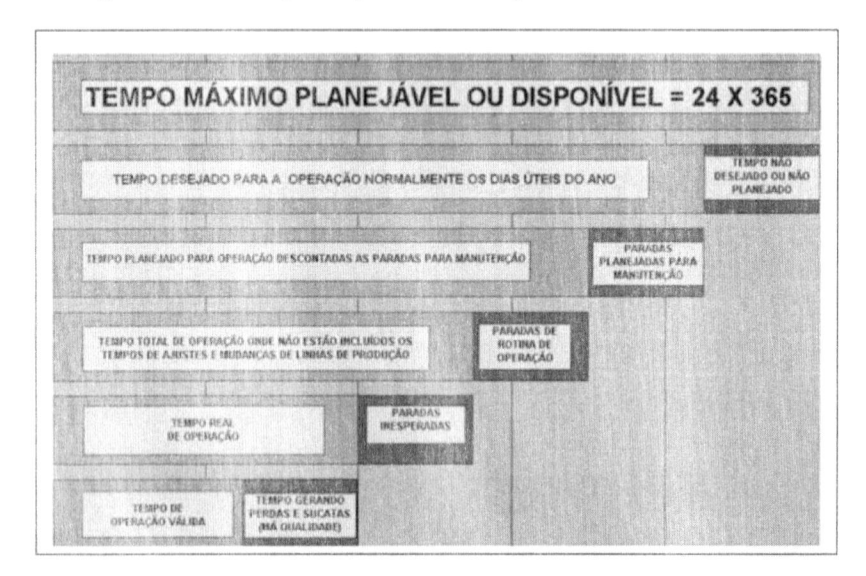

Figura 4.04

Capítulo 5

Indicadores de Desempenho de Máquinas

Agora que sabemos que devemos produzir e que deveremos trabalhar e medir o trabalho, medir a performance do resultado em conjunto, vamos aos próximos indicadores.

A Gerência de Máquinas é uma das primeiras necessidades da manutenção da fábrica, a maior necessidade e mais fácil de ser justificada e implantada. Afinal a manutenção industrial existe para as máquinas da fábrica, existe porque as máquinas existem e devem ser mantidas em bom funcionamento.

Comparando com o atendimento médico, é a parte que trata do paciente e que contará como ele está, se tem problemas próximos ou se está em grupo de risco de enfarte, outro mal, etc.

Qualquer "SOFTWARE" (programa de computador) que não tenha uma maneira simples e direta de indicar os índices de máquinas é um programa que não funciona na parte mais importante da manutenção, ou seja, na parte em que deve informar como está a máquina e o que estamos obtendo dela, contra uma performance esperada.

Devemos lembrar que o cliente deseja um bom atendimento. A meta deve ser a satisfação do cliente. Sempre. Em manutenção o nosso cliente é a Operação, para que juntos possamos produzir mais e melhor. Não podemos esquecer da equação, anteriormente apresentada:

$$\boxed{\text{PRODUÇAO} = \text{OPERAÇAO} + \text{MANUTENÇÃO}}$$

A aceitação da equação acima é básica para o bom entendimento e para o bom desempenho da empresa como um todo.

5.1 – Introdução a Indicadores de Máquinas

As máquinas são feitas de componentes e de peças, todos sujeitos a desgastes e a falhas. Assim se não for dada atenção necessária às máquinas, elas falharão.

Para se compreender como as máquinas falham um controle estatístico deve ser efetuado.

Os dados estatísticos de várias máquinas idênticas, demonstrarão que as máquinas seguem um padrão de comportamento e que este padrão será sempre o mesmo se as condições forem idênticas. Podemos afirmar que nas mesmas condições as máquinas falharão sempre de mesmo modo.

Muitos dos problemas de manutenção são situações que envolvem variáveis probabilísticas.

Assim é necessário compreender os princípios básicos da estatística da falha: a aplicação de técnicas à descrição e à análise dos padrões de falha dos equipamentos e seus componentes nas nossas instalações.

Um programa planejamento e controle de manutenção que não considere as características dos equipamentos e o mecanismo da falha nas instalações de uma fábrica em particular, nunca será ótimo. Poderá ser bom, no máximo.

Se o seu "SOFT", se o programa de planejamento e controle de manutenção usado no seu computador não considera isto, ele é um "soft" que deixa a desejar.

É muito fácil utilizar os índices elementares de máquinas pois são de grande utilidade para que se saiba o que está ocorrendo e evitar críticas não quantificadas, do tipo "eu acho".

O que queremos dizer é: se as críticas que eventualmente possam ser feitas não possuem "fatos e dados" ou seja não são fundamentadas, nós devemos ter os "fatos e dados" que demonstrem a situação real da instalação.

Para isto servem os índices e os indicadores, para isto é que devemos quantificar e medir as variáveis, os itens de controle e de verificação: para que rapidamente se possa saber a situação real e comparar com outras situações e outras datas.

5.2 – Disponibilidade de Equipamentos

5.2.1 – Definição de Disponibilidade

Disponibilidade: Probabilidade de um equipamento ou sistema estar disponível para uso (produzir) ou sendo usado (produzindo). Disponível para uso é o que estamos usando ou poderemos usar quando desejarmos. Representação DISP.

5.2.2 – Finalidade

Disponibilidade serve para indicar a probabilidade de que uma máquina esteja disponível para produção. Assim, um valor de 0,95 ou de 95 por cento indica que em média a máquina está em produção ou disponível para produzir em 95% do tempo considerado.

5.2.3 – Representação

DISP (de DISPonibilidade)

Obs.: Disponível para uso é o que nós podemos usar ou estamos usando.

5.2.4 – Determinação das Fórmulas para Operação Contínua

$$TOPT = \frac{TOPT}{TTOT}$$

mas **TTOT = TCAL = TOPT + TRPT**

onde,

TTOT = Tempo Total no período
TCAL = Tempo Calendário no período
TOPT = Tempo de Operação Total no período
TRPT = Tempo de Reparos Totais no período
então, substituindo

$$DISP = \frac{TOPT}{TOPT + TRPT}$$

Não esqueça que o **Tempo de Operação Total** é o Tempo Calendário **Tot**al <u>menos</u> o Tempo de Manutenção **T**otal, considerando que a máquina opere continuamente.

5.2.4.1 – Gráfico de Visualização

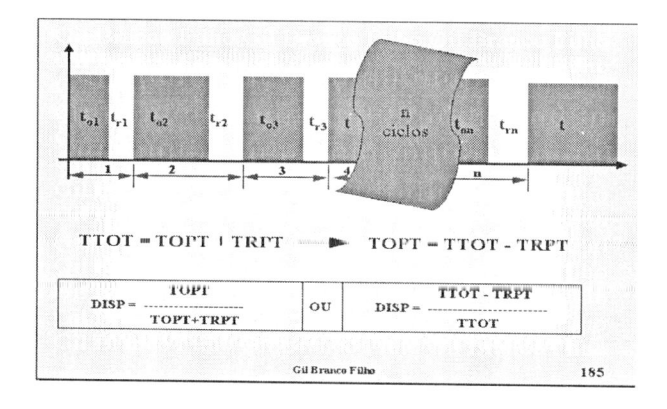

Figura 5.01

5.2.5 – Determinação das Fórmulas para Operação não Contínua:

Lembrando a fórmula de operação contínua:

$$DIST = \frac{TOPT}{TTOT}$$

Lembrando que **TTOT = TCAL = TOPT + TRPT** => **TOPT = TTOT – TRPT** e substituímos na fórmula acima

$$DISP = \frac{TTOT - TRPT}{TTOT}$$

Neste caso não esqueça que o **T**empo **TOT**al é o **T**empo **CAL**endário **Tot**al menos o **T**empo de **R**e**P**aro **T**otal, considerando que a máquina não opere continuamente.

Não esqueça que o Tempo de Reparo Total é a soma dos tempos de manutenção corretiva e de manutenção preventiva (que foi efetuado com o item parado) no período considerado.

5.2.5.1 – Gráfico de Visualização

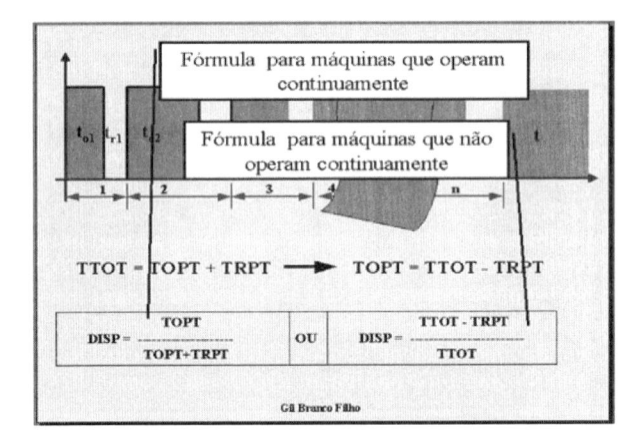

Figura 5.02

5.2.6 – Periodicidade de Apuração

Recomenda-se que este indicador seja apurado todo o mês, podendo ser apurado em períodos menores se houver necessidade.

Deve ser apurado novamente ao final do ano, por ocasião do fechamento anual.

5.3 – Indisponibilidade de Equipamentos

5.3.1 – Definição de Indisponibilidade

- **Indisponibilidade:** Probabilidade de um equipamento ou sistema não estar disponível para uso (produzir) ou não estar disponível para ser usado. Indisponível para uso é o que eu não posso usar. Representação INDI.

5.3.2 – Finalidade

Indicar a probabilidade de que uma máquina ou equipamento não esteja disponível para produzir quando solicitado. Assim um valor de 0,05 ou 5 por cento indica que em média a máquina não esteve disponível para produzir em 5% do tempo considerado.

5.3.3 – Representação

INDI (de INDIsponibilidade).

5.3.4 – Determinação das Fórmulas

Do mesmo modo que na Disponibilidade, para Indisponibilidade, usaremos os tempos de máquina fora de operação e os mesmos métodos de cálculos.

$$TOPT = \frac{TRPT}{TTOT}$$

Atenção: A soma de DISP com INDI é igual a unidade.

$$DISP + INDI = 1$$

Devido a isto, nas próximas páginas não mais indicaremos a Indisponibilidade para cada variação de fórmula ou particularidade de Disponibilidade.

5.3.5 – Periodicidade de Apuração

Recomenda-se que este indicador seja apurado todo o mês, podendo ser apurado em períodos menores se houver necessidade. Deve ser novamente apurado anualmente, por ocasião do fechamento anual. A indisponibilidade deve sempre estar indicada nos mesmos relatórios da disponibilidade.

5.4 – Disponibilidade com Manutenção Preventiva e Corretiva

Na prática, sempre existe manutenção preventiva e manutenção corretiva. Assim:

5.4.1 – Definição

<u>Disponibilidade:</u> Probabilidade de um equipamento ou sistema estar disponível para uso (produzir) ou sendo usado (produzindo), neste caso, considerando as paradas para manutenção preventiva e para manutenção corretiva.

5.4.2 – Representação

DISP (de DISPonibilidade)

Obs.: Disponível para uso é o que nós podemos usar ou estamos usando.

5.4.3 – Determinação das Fórmulas

Até aqui falamos de reparo. Agora vamos abrir espaço na fórmula para manutenções preventivas e manutenções corretivas:

Como TRPT = TMPT + TMCT

onde

- **TMPT** é o tempo total em manutenção preventiva, onde a máquina não produziu, ou melhor, onde foi necessário retirar a máquina de operação ou de produção para efetuar a manutenção preventiva. As manutenções preventivas feitas com a máquina operando não devem ser consideradas, pois a máquina operava, isto é, estava disponível.
- **TMCT** é o tempo total em manutenção corretivas por definição, fora de operação.

obtemos

$$DISP = \frac{TOPT}{TOPT + TMPT + TMCT}$$

a ser usada para máquinas que operem continuamente. Para máquinas que não operem continuamente usar a fórmula a seguir.

$$DISP = \frac{TTOT - (TMPT + TMCT)}{TTOT}$$

Não esqueça, nestas fórmulas obtemos o percentual de tempo que a máquina ou a instalação industrial esteve **DISPONÍVEL** para a Produção, <u>produzindo e/ou em condições de produzir</u>.

5.4.4 – Periodicidade de Apuração

Recomenda-se que este indicador seja apurado todo o mês, podendo ser apurado em períodos menores se houver necessidade.

Deve ser novamente apurado anualmente, por ocasião do fechamento anual.

5.5 – Disponibilidade Operacional Aparente ou Percebida

5.5.1 – Definição

<u>Disponibilidade Operacional</u> é a probabilidade de um equipamento estar produzindo ou em condições de produzir, no período de tempo em que a operação desejava operar.

Aqui, neste indicador não são considerados os tempos de paradas programadas para preventivas ou os tempos em que a operação não deseja operar por qualquer motivo.

Contam-se apenas os tempos de paradas para corretivas ou preventivas <u>dentro do tempo desejado de operação</u>.

5.5.2 – Representação

DISP (de DISPonibilidade)

Obs.: Disponível para uso é o que nós podemos usar ou estamos usando.

5.5.3 – Interpretação

Indica ao Gerente ou ao Administrador o quanto ele está usando o equipamento ou a linha, dentro do que ele planejou utilizar, já descontado o tempo de manutenção e o tempo planejado para não uso, ou seja, repetindo: indica ao administrador o quanto ele usou dentro do que pretendia.

5.5.4 – Fórmula

$$DISP = \frac{TTOT - TRPT}{TTOT}$$

onde, DISP é a disponibilidade operacional ou aparente,

TTOT neste caso é o tempo total que planejávamos operar,

TRPT neste caso é o tempo de reparos dentro do tempo que pretendíamos operar.

ou: TTOT é o tempo que se desejava operar.

TRPT é o tempo de reparos que ocorreram dentro do tempo que se desejava operar sem manutenção.

Considere que o usuário deseja operar continuamente no TTOT citado, que é apenas parte do tempo calendário e que neste caso é igual ao TOPT.

5.5.5 – Gráfico de Visualização

Disponibilidade Aparente ou Percebida

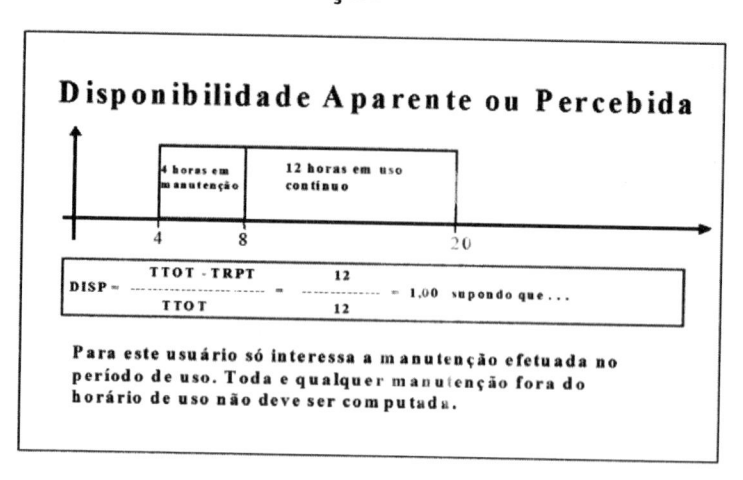

4 horas em manutenção | 12 horas em uso contínuo

4   8   20

$$DISP = \frac{TTOT - TRPT}{TTOT} = \frac{12}{12} = 1,00 \text{ supondo que} \ldots$$

Para este usuário só interessa a manutenção efetuada no período de uso. Toda e qualquer manutenção fora do horário de uso não deve ser computada.

Figura 5.03

5.5.6 – Periodicidade de Apuração

Recomenda-se que este indicador seja apurado todo o mês, podendo ser apurado em períodos menores se houver necessidade.

Deve ser novamente apurado anualmente, por ocasião do fechamento anual.

5.5.7 – Outro Gráfico com Reparo no TOPT ou TTOT Desejado

Disponibilidade Aparente ou Percebida

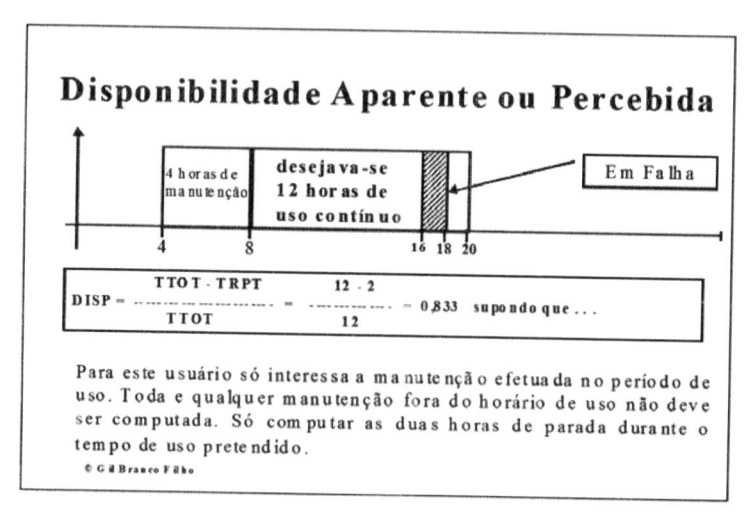

4 horas de manutenção | desejava-se 12 horas de uso contínuo | Em Falha

4   8   16 18 20

$$DISP = \frac{TTOT - TRPT}{TTOT} = \frac{12 - 2}{12} = 0,833 \text{ supondo que} \ldots$$

Para este usuário só interessa a manutenção efetuada no período de uso. Toda e qualquer manutenção fora do horário de uso não deve ser computada. Só computar as duas horas de parada durante o tempo de uso pretendido.

© G d Branco Filho

Figura 5.04

Atenção

Nós estamos chamando este valor, aqui, de APARENTE, mas, seu nome mais usual é Disponibilidade Operacional, onde a manutenção efetuada fora do horário planejado de produção ou desejado para operação não é computada. Veja os conceitos de OEE anteriormente expostos.

5.6 – Disponibilidade Operacional Aparente Usada

5.6.1 – Definição

Disponibilidade Operacional é a probabilidade de um equipamento estar produzindo ou em condições de produzir, no período de tempo em que a operação desejava operar.

Aqui, neste indicador não são considerados os tempos de paradas programadas para preventivas ou os tempos em que a operação não deseja operar por qualquer motivo.

Contam-se apenas os tempos de paradas para corretivas ou preventivas dentro do tempo desejado de operação.

É uma variante da Disponibilidade anterior.

5.6.2 – Fórmula

$$DISP = \frac{TTOT - TRPT}{TTOT}$$

onde, DISP é a disponibilidade operacional ou aparente,

TTOT neste caso é o tempo total que foi necessário ficar operando.

TRPT neste caso é o tempo de reparos dentro do tempo que precisamos operar.

Considere que o usuário desejava operar continuamente, sem interrupção, no TTOT citado, mas devido a problemas com os equipamentos teve que ficar mais tempo trabalhando para fazer o mesmo lote de peças que faria, se não houvesse a falha.

5.6.3 – Gráfico de Visualização

Disponibilidade Aparente ou Percebida

| 4 horas em manutenção | Apenas 08 horas em operação | Mais 04 horas em operação | Em Falha |

4   8   16 18 20 22

A operação deverá ficar mais duas horas trabalhando para concluir a tarefa de doze horas ou o lote de peças necessárias a serem produzidas.

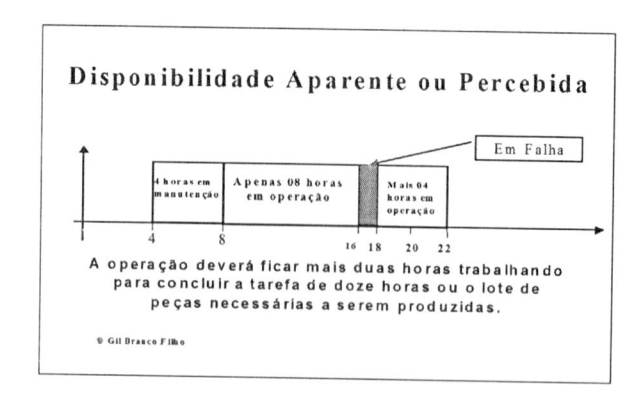

© Gil Branco Filho

Figuras 5.05

Disponibilidade Aparente ou Percebida

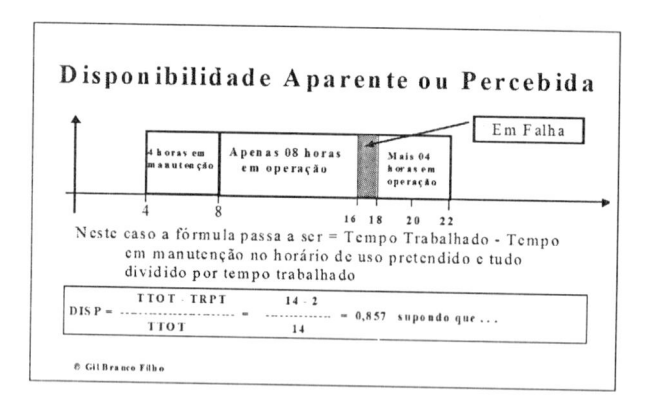

| 4 horas em manutenção | Apenas 08 horas em operação | Mais 04 horas em operação | Em Falha |

4   8   16 18 20 22

Neste caso a fórmula passa a ser = Tempo Trabalhado - Tempo em manutenção no horário de uso pretendido e tudo dividido por tempo trabalhado

$$DISP = \frac{TTOT - TRPT}{TTOT} = \frac{14 - 2}{14} = 0{,}857 \text{ supondo que ...}$$

© Gil Branco Filho

Figuras 5.06

5.6.4 – Periodicidade de Apuração

Recomenda-se a apuração mensal ou sempre que necessário.

5.6.5 – Comentários

Este sistema de cálculo ou de trabalho deve ser usado com cautela.

Suponha que a manutenção precisa de quatro horas para ser executada. Houve um atraso de duas horas no termino da produção do lote. Com isto a início da produção do próximo lote será atrasado em duas horas.

Capítulo 5 – Indicadores de Desempenho de Máquinas | 73

Caso a produção seja iniciada no horário, sem atraso, a manutenção disporá de menor tempo que o mínimo necessário para as tarefas.

Ver gráficos abaixo.

Deste modo, com o procedimento definido você deve fazer as considerações sobre a sua estratégia de manutenção, seus tempos necessários e seus indicadores adequados.

Disponibilidade Aparente ou Percebida

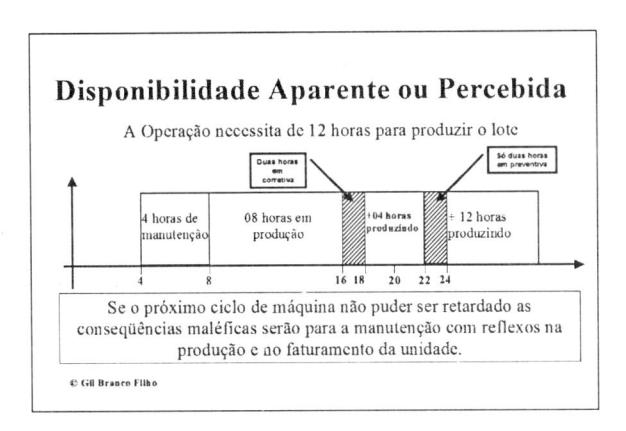

A Operação necessita de 12 horas para produzir o lote

- 4 horas de manutenção
- 08 horas em produção
- Duas horas em corretiva
- +04 horas produzindo
- Só duas horas em preventiva
- +12 horas produzindo

Se o próximo ciclo de máquina não puder ser retardado as conseqüências maléficas serão para a manutenção com reflexos na produção e no faturamento da unidade.

© Gil Branco Filho

Figuras 5.07

Disponibilidade Aparente ou Percebida

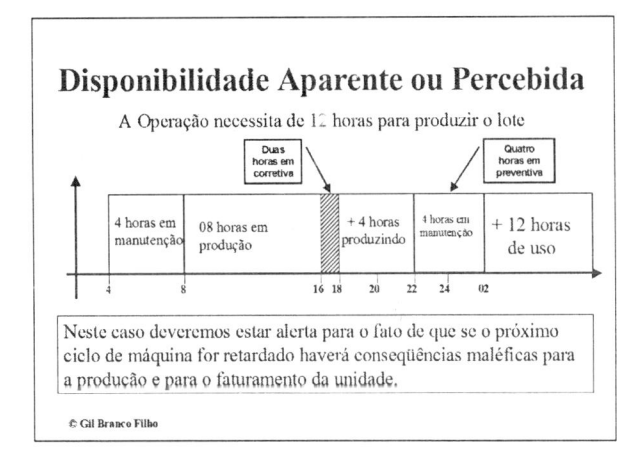

A Operação necessita de 12 horas para produzir o lote

- 4 horas em manutenção
- 08 horas em produção
- Duas horas em corretiva
- +4 horas produzindo
- 4 horas em manutenção
- Quatro horas em preventiva
- +12 horas de uso

Neste caso deveremos estar alerta para o fato de que se o próximo ciclo de máquina for retardado haverá conseqüências maléficas para a produção e para o faturamento da unidade.

© Gil Branco Filho

Figuras 5.08

5.7 – Tempo Médio Entre Falhas

5.7.1 – Definição

Tempo Médio Entre Falhas: A média aritmética dos tempos existentes entre o fim de uma falha e início de outra falha (a próxima falha) em equipamentos reparáveis. Só considerar o tempo de funcionamento. Representação TMEF ou MTBF.

Tempo Médio Entre Falhas é média aritmética dos tempos de funcionamento de máquinas, contados desde a colocação da máquina em funcionamento ou quando nova, ou após a correção da falha, até a próxima falha. Aponta-se como tempo de funcionamento todos os tempos de máquina funcionando, não importando o motivo de funcionamento. É calculado apenas para itens que **podem ser reparados** e não se aplica a itens descartáveis. Uma máquina com vários itens é reparada e calcula-se nela o TMEF, pois os itens individuais podem ser descartados, mas a máquina não é.

5.7.2 – Representação
TMEF

5.7.3 – Finalidade

Este índice serve para determinar a médias dos tempo de funcionamento de cada item reparável ou equipamento reparável entre uma falha e outra, ou seja, entre uma manutenção corretiva e manutenção corretiva seguinte neste mesmo item ou equipamento. Cada item reparável terá o seu TMEF.

Normalmente as manutenções preventivas não são computadas para este indicador, mas, se apesar de paradas para manutenção preventiva, o risco de falha existir, então o tempo de manutenção preventiva deve ser computado.

Como exemplo citamos o caso de uma mangueira que deve ser trocada a cada 2000 horas de instalada pois esta cheia de material que provoca a falha, com a máquina funcionando, ou não.

5.8 – Tempo Médio para a Falha

5.8.1 – Definição

Tempo Médio Para a Falha: A média aritmética dos tempos desde a entrada em funcionamento até a falha, de componentes ou máquinas não reparáveis. O componente ou equipamento é descartado após a falha. Representação TMPF ou MTTF.

Não esqueça que máquinas onde o reparo não é viável economicamente são máquinas que são descartadas e por isto, não reparáveis.

Capítulo 5 – Indicadores de Desempenho de Máquinas | **75**

Assim não se irá reparar uma máquina que custe, nova, cerca de R$2000,00 e seu reparo custe cerca de R$3000,00. Isto é típico em máquinas que usam tecnologia antiga e com sobressalentes fora de mercado, ou ainda onde é mais fácil obter uma máquina nova do que adquirir os sobressalentes.

Tempo Médio Para a Falhas é média aritmética dos tempos de funcionamento de um item (peças, componentes ou máquinas), contados desde a colocação deste item em funcionamento, ou quando nova, ou após o correção da falha, com o descarte desta peça ou item, até a próxima falha deste mesmo item.

Aponta-se como tempo de funcionamento todos os tempos de máquina funcionando, não importando o motivo de funcionamento. É calculado apenas para itens que **não podem** ser reparados e não se aplica a itens que podem ser reparados ou itens reparáveis. Estes itens onde se calcula TMPF são normalmente descartados após o uso.

5.8.2 – Representação
TMPF

5.8.3 – Finalidade

Este índice serve para determinar a media dos tempo de funcionamento de cada item não reparável ou descartável entre uma falha e próxima falha deste item descartável, ou seja, entre uma manutenção corretiva em que ele foi instalado ou trocado, até a manutenção corretiva onde ele for trocado novamente, devido falha ou ponto preditivo de manutenção (fim de condição segura de uso).

Cada item não reparável terá o seu TMPF.

Note que deve ser acompanhado e calculado para cada item, máquina ou peça não reparável que se deseja acompanhar ou calcular.

Não se esqueça que alguns itens podem ser reparáveis tecnicamente, mas não são economicamente interessantes de serem reparados, pois um componente novo é mais barato. Neste caso, o item será descartável, ou descartado após a falha e se enquadra como não reparável.

5.8.4 – Fórmula de Cálculo

Chamando de TOPT o tempo de operação de cada item até a falha e seu descarte, temos

$$TMPF = \frac{TOPT}{n} = \frac{\sum_{i=1}^{n}(TOPT_i)}{n}$$

onde, TOPT = Tempo de Operação Total de cada item.

5.8.5 – Período de Apuração

Recomenda-se um período onde exista uma amostragem aceitável. Em todo o caso deverá, óbvio, haver mais de que duas falhas para item ou peça acompanhado, para que se possa calcular a média.

5.9 – Como Calcular o Tempo Médio entre Falhas

Existem diversas maneiras de calcular o TMEF, usaremos a seguir uma delas.

5.9.1 – Determinação da Fórmula de Cálculo do TMEF

O tempo de operação total é dado por

$$TOPT = \sum_{i=1}^{n} (T_{oi})$$

se dividirmos por **n**, que é o número de ciclos de trabalho ou o número de vezes em que a máquina trabalhou e quebrou, obteremos a Média aritmética dos Tempos de Operação:

$$TMOP = \frac{TOPT}{n} = \frac{\sum_{i=1}^{n}(T_{oi})}{n}$$

Mas lembre-se que os tempos de operação para as máquinas começam sempre após a correção de uma falha e terminam sempre na ocorrência da próxima falha. Podemos então afirmar que o Tempo Médio de OPeração é o Tempo Médio Entre Falhas ou **TMEF**:

$$TMEF = \frac{TOPT}{n} = \frac{\sum_{i=1}^{n}(T_{oi})}{n}$$

5.10 – Tempo Médio de Perda da Função

O Tempo Médio de Perda da Função deve ser medido em sistemas e deve incluir dentro dele apenas os tempos em que o equipamento não cumpriu sua função devido manutenção.

Não esqueça que algumas manutenções são feitas com o equipamento em carga.

Note que paradas para Manutenção Preventiva, sistemática ou não, não é perda de função, pois é apenas um cumprimento de programação.

Esta medição é muito útil em locais com máquinas redundantes. Existe a falha em uma máquina, perda de função da máquina, *mas não existe perda de função no sistema*.

Não esqueça que parada para troca de formato e "setup" não é perda de função. É necessidade de processo.

Capítulo 5 – Indicadores de Desempenho de Máquinas | 77

5.11 – Como Calcular o Tempo Médio para Reparo

5.11.1 – Definição
Tempo Médio Para Reparo: A média aritmética dos tempos de reparo de um sistema, de um equipamento ou de um item. Representação TMPR ou MTTR.

5.11.2 – Finalidade
Este índice aponta a média dos tempos que a equipe de manutenção leva para repor a máquina em condições de operar desde a falha até o reparo ser dado como concluído e a máquina ser aceita como em condições de operar. Em um primeiro instante iremos considerar apenas os reparos, como um conjunto, e, logo em seguida abriremos o reparo como um conjunto de medidas de manutenção preventivas e corretivas.

Em alguns locais, marca-se apenas o tempo de trabalho da manutenção, onde o tempo de busca de ferramentas, tempo de busca de materiais e sobressalentes, tempo de localização de profissional capacitado e demais tempos não trabalhados não são computados, pois nestes locais estes tempos pertencem ao TMRF, ou seja Tempo Médio de Restauração da Função.

5.11.3 – Determinação da Fórmula de Cálculo do TMPR
Do mesmo modo que fizemos para o cálculo do **TMEF** faremos para o cálculo do Tempo Médio Para Reparo ou **TMPR** e teremos:

TRPT = tempo em reparo total

$$TRPT = \sum_{i=1}^{n} (Tr_i)$$

Se dividirmos por **n**, que é o número de ciclos de trabalho ou o número de vezes em que a máquina trabalhou e quebrou, obteremos a Média aritmética dos Tempos de Reparo:

$$TMPR = \frac{TRPT}{n} = \frac{\sum_{i=1}^{n} (Tr_i)}{n}$$

Se chamarmos o tempo de reparo como um conjunto de manutenções preventivas e manutenções corretivas teremos com desdobramento:

5.11.4 – Tempo Médio de Manutenção Preventiva TMMP

$$TMMP = \frac{TMPT}{n} = \frac{\sum_{i=1}^{n}(Tp_i)}{n}$$

5.11.5 – Tempo Médio de Manutenção Corretiva TMMC

$$TMMC = \frac{TMCT}{n} = \frac{\sum_{i=1}^{n}(Tc_i)}{n}$$

Atenção

Não esqueça que para haver significado o número de observações deve ser grande para que a média seja uma média no conceito da estatística.

5.12 – Como Calcular a Disponibilidade com o TMEF e o TMPR

5.12.1 – Determinação da Fórmula
lembrando que

$$DISP = \frac{TOPT}{TOPT + TRPT}$$

e

$$TOPT = \sum_{i=1}^{n}(Toi)$$

$$TRPT = \sum_{i=1}^{n}(Tr_i)$$

Capítulo 5 – Indicadores de Desempenho de Máquinas | **79**

e substituindo temos

$$DISP = \frac{TOPT}{TOPT + TRPT} = \frac{\sum_{i=1}^{n}(To_i)}{\sum_{i=1}^{n}(To_i) + \sum_{i=1}^{n}(Tr_i)}$$

dividindo a fração por **n** (o número de ciclos) teremos

$$DISP = \frac{\dfrac{TOPT}{n}}{\dfrac{TOPT}{n} + \dfrac{TRPT}{n}} = \frac{\dfrac{\sum_{i=1}^{n}(To_i)}{n}}{\dfrac{\sum_{i=1}^{n}(To_i)}{n} + \dfrac{\sum_{i=1}^{n}(Tr_i)}{n}}$$

e substituindo nas fórmulas acima

$$DISP = \frac{TMEF}{TMEF + TMPR}$$

Com isto, a determinação do **TMEF** e do **TMPR** nos permitirá de maneira bem direta obter o valor da disponibilidade (**DISP**) do equipamento.

Conforme vemos, é agindo sobre o TMPR, fazendo com que ele diminua, é que o Gerente de Manutenção pode aumentar a **DISPONIBILIDADE** do equipamento, pois tornará o valor do TMEF + TMPR parecido com o TMEF e em conseqüência fazer com que a razão tenda para a unidade.

5.13 – Tempo Médio para Restaurar a Função

O Tempo Médio para Restaurar a Função deve ser calculado a partir da perda da função pretendida até o restabelecimento da função. Não esqueça que sistemas com máquinas ou itens redundantes podem ter um MTTR bem definido mas não ter Perda de Função devido à redundância.

5.14 – Taxa de Falha Observada

A Taxa de Falhas permite que se saiba a razão de variação com a qual um componente ou uma máquina falha, em relação a uma outra variável, normalmente o tempo. No entanto, esta razão de variação normalmente está associada ao tempo de funcionamento, o que é fácil de determinar para máquinas em que se tem um registro bem feito de tempo de funcionamento. O que se tem, normalmente, nas indústrias, é um controle bastante rígido do que a máquina produziu e não de quanto tempo trabalhou. Deste modo é mais fácil trabalharmos com a variável "produção" do que com a variável tempo. Assim é mais fácil controlar quantas falhas por tonelada produzida, quantas falhas por barris processados, ou por horas de vôo, ou ainda por número de pousos que uma aeronave faça. Para empresas de transporte pode-se usar a variável "falhas por quilômetros rodados" ou falhas por toneladas transportadas ou, ainda, pelo produto de "toneladas x quilômetros" rodados e transportados.

5.14.1 – Finalidade
Permitir uma avaliação rápida da Taxa de Falha de um equipamento ao longo da variável considerada, sem colocar grandes estudos de estatística.

5.14.2 – Fórmula
a.   para a variável "TEMPO"

$$TXFO = \frac{NMCT}{TOPT}$$

onde NMCT = Número Manutenções Corretivas Totais
TOPT = Tempo de OPeração Total

b.   para uma outra variável

$$TXFO = \frac{NMCT}{XXXX}$$

onde, NMCT = Número Manutenções Corretivas Totais
XXXX = Variável considerada
= Unidade de Produção ou Toneladas produzidas, metros de tecidos fabricados (não apenas os entregues ou vendidos), barris de produto processado, litros ou garrafas de produto envasados, horas de vôo, pousos efetuados, milhas navegadas, passageiros transportados, etc.

5.14.3 – Período de Apuração
Recomenda-se tempo de apuração quando necessário, após existir Histórico de Manutenção devidamente tratado sobre o equipamento ou equipamentos.

5.14.4 – Comentários

Como normalmente acontecem as falhas de manutenção, para a maior parte das situações, são falhas aleatórias, principalmente em períodos de vida econômica, de vida útil do equipamento, obedecem a uma distribuição de probabilidade onde a Taxa de Falhas é constante conforme Kelly e Monchy e podem, dentro desta situação serem determinadas por:

$$TXFO = \frac{1}{TMEF}$$

onde a **TXFO** é representada, em vários estudos de estatística, pela letra grega "lambda" e é chamada de Taxa Média de Falhas por máquina na unidade de tempo. e se a medição da taxa de falha é feita em outra unidade que não o TEMPO, você deve fazer uma adequação na variável.

Apesar disto deveremos estar alertas para o fato de que se não tomarmos cuidado na coleta de dados de vida, as falhas que forem anotadas sem se conhecer exatamente a idade do componente ou do item, poderemos obter um padrão de falhas aleatório, o que é errado, pois o tratamento e a política de manutenção para falhas de fim de vida útil é diferente do que deve ser dado para falhas do tipo aleatório.

5.15 – Taxa de Reparo

5.15.1 – Finalidade

Permitir saber a taxa de reparo de um equipamento, para dar tratamento estatístico ao plano de preventiva, ou determinar valores para estudo de Manutenção Preditiva por controle estatístico. É a relação entre o número total de Manutenções Corretivas (Manutenção para correção de Falhas) e o tempo total gasto para o reparo destas falhas.

5.15.2 – Fórmula

$$TXRP = \frac{NMCT}{TRPT}$$

onde NMCT = **N**úmero **M**anutenções **C**orretivas **T**otais
TRPT = **T**empo de **R**e**P**aro **T**otal

5.15.3 – Período de Apuração

Recomenda-se tempo de apuração quando necessário, após existir Histórico de Manutenção devidamente tratado sobre o equipamento ou equipamentos.

5.15.4 – Comentários

Com as mesmas ressalvas feitas anteriormente temos que:

$$TXRP = \frac{1}{TMPR}$$

não esqueça de que se a sua TXFO for medida em outra variável você pode adequar a indicação deste índice, TXRP, para a mesma variável.

5.16 – Confiabilidade

5.16.1 – Definição
- **Confiabilidade**: Probabilidade de um equipamento estar em condições de produzir ou produzindo após transcorrer um determinado tempo de uso.

  Usando a definição mais adotada, ou melhor, mais completa:
- **Confiabilidade**: Probabilidade de que um equipamento ou sistema realize com sucesso a sua função dentro de condições pré estabelecidas, e por um tempo desejado.
- **Confiabilidade:** Probabilidade do evento falha não ocorrer.

5.16.2 – Finalidade
Indicar qual a probabilidade de uma máquina ou equipamento estar trabalhando após trabalhar sem reparo por um determinado período de tempo. Ou seja, indicar ao administrador a chance de sucesso na jornada ou na missão. Não esqueça que quanto maior o tempo da missão, com o mesmo equipamento ou item, menor é a chance de sucesso.

5.16.3 – Fórmula

$$CONF = e^{-(TXFO \cdot t)}$$

onde e = base dos logaritmos neperianos.
e = 2,718281828 . . . .
TXFO = definida anteriormente.
t = tempo transcorrido desde a última falha.

5.16.4 – Período de Apuração
Sempre que necessário.

Capítulo 5 – Indicadores de Desempenho de Máquinas | **83**

5.16.5 – Gráfico de Visualização

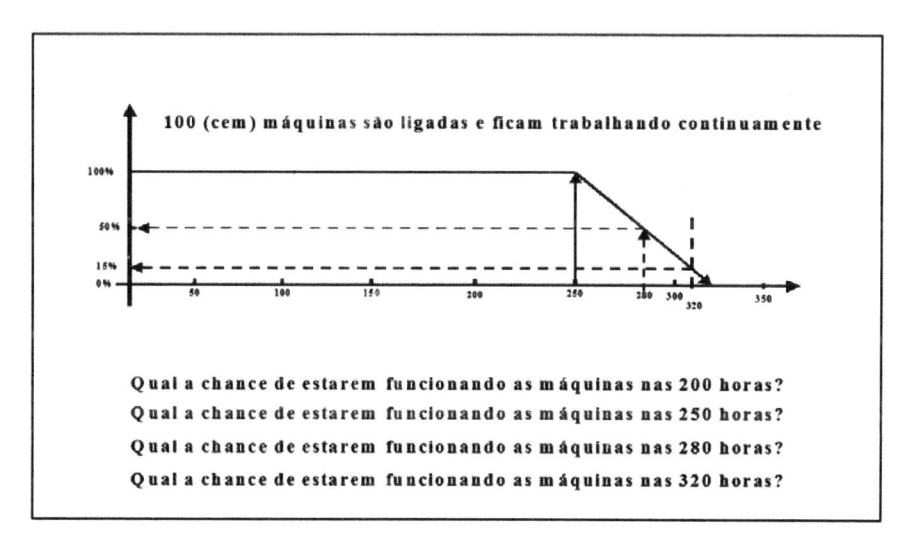

```
         100 (cem) máquinas são ligadas e ficam trabalhando continuamente
100%
 50% ─ ─ ─ ─ ─ ─ ─ ─ ─ ─ ─ ─ ─ ─ ─ ─ ─ ─
 15% ─ ─ ─ ─ ─ ─ ─ ─ ─ ─ ─ ─ ─ ─ ─ ─ ─ ─
  0%
       50    100   150   200   250  280 300       350
                                        320
```

Qual a chance de estarem funcionando as máquinas nas 200 horas?
Qual a chance de estarem funcionando as máquinas nas 250 horas?
Qual a chance de estarem funcionando as máquinas nas 280 horas?
Qual a chance de estarem funcionando as máquinas nas 320 horas?

Figura 5.09

No gráfico acima consideramos que as máquinas nunca falharam em tempo menor que 250 horas e que a chance de sucesso cai linearmente com o passar do tempo até zero no tempo de 320 horas.

Com o exposto, o gráfico apresenta uma confiabilidade de 100% (cem) até as 250 horas de trabalho e a partir deste ponto uma diminuição linear diminuindo até confiabilidade zero em cerca de 330 horas. Isto é facilmente visível neste gráfico onde marcamos alguns pontos para sua interpretação.

5.16.6 – Comentários

Atenção que a fórmula usada é a da Distribuição Exponencial Negativa. Existem diversas fórmulas que podem ser usadas. Veja mais em estatística. Adiante citamos apenas a de Weibull por ser de uso mais amplo na manutenção.

No gráfico anterior embora possamos determinar visualmente qual a confiabilidade do item num determinado tempo, falta-nos uma fórmula matemática que nos indique valores. Este valor pode então ser calculado para qualquer tempo dentro do período válido.

Na prática este indicador provem de acompanhamento de dados estatísticos obtidos a partir de ocorrências na máquina. Confiabilidade é uma característica do projeto do equipamento e de suas partes, supondo que sejam bem utilizados. Os dados convenientemente tratados poderão nos fornecer a fórmula para o cálculo da confiabilidade a qualquer tempo.

Na forma de cálculo apresentada acima a taxa de falha a ser usada deverá ser a taxa de falha do equipamento, se é desejado o cálculo da Confiabilidade do equipamento, que neste caso estamos supondo estar em seu período de vida útil, com taxa de falha constante.

Quando se deseja a confiabilidade de apenas parte de um sistema deveremos usar a taxa de falha desta parte do sistema. Não esqueça que existem modos especiais para cálculo de confiabilidade de equipamentos e de sistemas associados em série, paralelo ou associação mista. Ainda existe modo de cálculo para confiabilidade de associações onde a probabilidade de falha de um deles é condicionada as outras causas, o que pode complicar.

Outros índices de Gerência de Máquinas devem ser calculados, como Confiabilidade da Máquina, Confiabilidade de um Sistema, fazendo-se a associação das confiabilidades de cada máquina e de cada sistema.

Outros dados podem ser determinados como o comportamento do sistema em função do tipo de manutenção que está sendo praticada, qual o tipo de manutenção que deve ser praticada em função do comportamento do sistema, e etc.

O levantamento dos dados sobre as máquinas e o seu tratamento estatístico, quando corretamente analisados, contribuem para que rotinas de manutenção sejam simplificadas, que estas mesmas rotinas sejam corrigidas ou completadas, faz com que os gastos sejam reduzidos e que a máquina esteja sempre na sua condição de máxima disponibilidade.

5.17 – Confiabilidade e a Distribuição de Weibull

Quando não se sabe qual a fórmula que melhor se ajusta à nossa amostra, não sabemos em qual período da vida da máquina a maquina está, ou um determinado equipamento ou um sistema, devemos optar pelo uso da distribuição de probabilidade de Weibull, que se corretamente usada, nos fornecerá, na maioria dos casos, uma fórmula adequada para a avaliação que necessitamos.

5.17.1 – Fórmula de Confiabilidade por Weibull

$P(t) = exp\ [-((t - to)/\eta)^{\beta}]$ onde t = tempo transcorrido
β = fator de forma
η = vida característica
t_{o} = vida mínima.

A fórmula acima é de uso bastante simples, pois pode ser calculada com qualquer calculadora científica, e o único problema é encontrar os parâmetros básicos de sua fábrica ou máquina, o que pode ser feito com o uso dos dados coletados e processados em programas próprios ou com o uso de papel de Weibull, próprio para este fim.

O autor possui um estudo que poderá ser fornecido, mediante solicitação via ABRAMAN, sobre o uso da distribuição de Weibull na manutenção e a interpretação de seus parâmetros.

5.17.2 – Comentários

Para uso no dia a dia, o método de Weibull é de grande aceitação e após 1975 tornou-se o método oficial para avaliação de performance e precisão de confiabilidade da Força Aérea Americana.

O método nos dá cerca de 95% de chances de acerto para uma amostra pequena de apenas quatro dados de falha, se utilizarmos o Método das Pequenas Amostras, desenvolvido para este fim.

Outro modo é adquirir um programa de computador especializado e que trate este assunto por Weibull.

Capítulo 5 – Indicadores de Desempenho de Máquinas | 85

5.18 – Mantenabilidade

Quatro palavras com o mesmo significado: mantenabilidade, mantenibilidade, manutenabilidade, manutenibilidade. Todas bastante usadas. Qual é a que você usa?

5.18.1 – Definição

Mantenabilidade: Uma característica de projeto e da instalação, a qual é expressa como uma probabilidade, de que o item possa ser colocado de retorno às suas condições especificadas, dentro de um determinado período de tempo, quando a manutenção é efetuada dentro de procedimentos e com os recursos prescritos. (MIL-STD-721C – DoD – USA – 1980).

É um indicador de Performance, mas devemos lembrar que no resultado final influem diversos outros fatores que estão descritos em capítulo anterior.

5.18.2 – Finalidade

Indicar ao administrador em qual tempo médio, provavelmente, a sua equipe terá sucesso na execução das tarefas de reparo. Se o valor mudar muito, dentro das mesmas condições e recursos utilizados, indica que a probabilidade de se concluir um reparo num tempo estimado é baixa.

Note que se sua equipe sempre concluir "todos" os reparos em cerca de 2±0,5 horas ela tem 100% de chances de concluir o reparo neste tempo, isto indica que a manutenabilidade da máquina para 2±0,5 horas é de 100%.

Suponha que é uma distribuição normal simétrica. Então a chance de efetuar o reparo em tempo menor ou igual ao de duas horas é de 50%. Ou seja, a manutenabilidade para tempo igual ou menor que duas horas é de cinqüenta por cento.

5.18.3 – Fórmula

Da mesma maneira que a confiabilidade, o banco de dados de tempos de reparo deve ser usado para obter esta probabilidade de se obter o evento "reparo concluído".

Alguns autores usam a Distribuição de Weibull para obter a equação que permite calcular esta probabilidade. Outros preferem a Exponencial Negativa. Outros usam a Distribuição Lognormal na análise do banco de dados de tempo de reparo e da probabilidade de se obter este evento.

Lembrando a diferença: confiabilidade é a chance do evento "falha" não ocorrer. Manutenabilidade é a chance do evento "reparo" ocorrer, de se obter o evento "reparo concluído".

Não reproduzimos aqui as fórmulas das distribuições citadas.

5.18.4 – Considerações Sobre Mantenabilidade

Para a correta determinação deste indicador, tão mal conhecido e usado, lembramos a definição dada no início deste índice: uma característica de projeto e da instalação, a qual é expressa como uma probabilidade, de que o item possa ser colocado de retorno, numa condição especificada, dentro de um determinado período de tempo, quando a manutenção é efetuada dentro de procedimentos e com os recursos prescritos. (MIL-STD-721C – DoD – USA – 1980).

É a probabilidade que o item seja colocado de volta a trabalhar ou a executar a sua função. Isto tem a ver com treinamento igual para todos os executantes, ferramentas iguais para todas as equipes, instalações iguais etc. e etc. iguais. (*quando a manutenção é efetuada dentro de procedimentos e com os recursos prescritos*) repetido da definição acima.

Se a probabilidade de acerto no tempo desejado é baixa (manutenabilidade baixa) a causa da variação deve ser investigada. Os fatores desta variabilidade devem ser estudados e sempre que possível eliminados para que se consiga concluir o reparo no tempo estimado ou no tempo padrão.

Máquinas fáceis de serem mantidas ou reparadas podem ter grande variação no tempo de reparo e a chance de acerto ou de concluir o reparo no tempo estimado pode ser baixa. Isto quer dizer que máquina fácil de ser mantida ou difícil de ser mantida não é uma medida de manutenabilidade. Máquina fácil de ser mantida tem sido chamada, erradamente com máquina de boa manutenabilidade. Isso só será verdade se o tempo de conclusão do reparo for regular. Só será verdade se a chance de acerto ou de conclusão do reparo no tempo determinado ou esperado, com base em dados anteriores, for grande.

5.19 – Considerações sobre Algumas Fórmulas

Diversos autores nos oferecem fórmulas para cálculo da DISPONIBILIDADE, onde algumas delas podem ser aplicadas, mas em condições extremas fornecerão erro grave.

A seguir examinaremos algumas:

5.19.1 – Fórmula que Induz a Erros no Cálculo de DISP

Em função dos Tempos Médios de Manutenção

$$DISP = \frac{TMMP}{TMMP + TMMC}$$

Esta fórmula é sugerida por Kelly e Harris (4) Kelly (23) e possui os seguintes inconvenientes: só é valida se as ocorrências de MP e MC forem aproximadamente iguais entre si, para que os ciclos sejam iguais e não determina a Disponibilidade como aqui definida. Se as ocorrências de manutenção forem aproximadamente iguais, esta fórmula determinará o percentual de tempo que sobra do tempo destinado à operação, ou seja, o percentual de tempo já descontado os tempos de preventiva.

5.19.2 – Cálculo de Disponibilidade com o Uso dos Tempos Médios de Manutenção

a. Exemplo:

Uma máquina trabalhou 3000 horas e teve dois atendimentos de preventiva com 30 horas cada e mais um atendimento de corretiva com 15 horas. Determine a disponibilidade com a fórmula geral e com a sugerida acima. Compare os resultados e comente.

Capítulo 5 – *Indicadores de Desempenho de Máquinas* | **87**

a.1 Determinação de **DISP** pela Fórmula geral de tempo de operação:

$$\text{DISP} = \frac{\text{TOPT}}{\text{TOPT} + \text{TMPT} + \text{TMCT}} = \frac{3000}{3000 + 60 + 15} = 0{,}9756$$

a.2 Determinação de **DISP** pela Fórmula geral de tempo transcorrido:

$$\text{DISP} = \frac{\text{TTOT} - (\text{TMPT} + \text{TMCT})}{\text{TTOT}} = \frac{3075 - (60 + 15)}{3075} = 0{,}9756$$

a.3 Determinação pela fórmula de proposta por Harris:

$$\text{DISP} = \frac{\text{TMMP}}{\text{TMMP} + \text{TMMC}} = \frac{30}{30 + 15} = \frac{30}{45} = 0{,}666$$

a.4 Comentário: como vimos embora as contas estejam corretas os resultados são bastante diferentes, pois as fórmulas conduzem a valores diversos. Seriam mais próximos se houvessem mais valores para que se pudesse trabalhar com médias e não com apenas um valor. No mais as fórmulas expressam índices diferentes. Uma fórmula expressa o que definimos como **DISP** e a outra tenta expressar como DISPONIBILIDADE apenas uma fração da parte destinada a operação e não do total calendário. Uma trata de percentual tendo **TTOT** como base e a outra trata de percentual tendo **TOPT** como base. Se não houvesse a corretiva o tempo destinado para operação seria **TOPT**. Tenta estabelecer que o tempo destinado a operação é o que sobra do tempo de manutenção pois o tempo de manutenção é sagrado. Com esta segunda definição, se em uma emergência for suprimido o tempo de preventivas e houver corretivas, para qualquer tempo de funcionamento a disponibilidade será "ZERO".

Capítulo 6

Indicadores de Mão-de-Obra

Aqui apresentaremos alguns índices do que classificamos com Gerência de mão-de-obra, e antes, algumas considerações.

6.1 – Considerações Preliminares

Uma das preocupações que sempre vemos ocorrer é, quando um Gerente de Manutenção obtém os seus primeiros índices e deseja compará-los com os outros índices de outra equipes. A preocupação é saber se o seu valor é bom ou se está abaixo da média, ou saber da existência de valores de outras equipes, para comparação.

Recomenda-se que, em princípio, um Gerente não se preocupe com os "padrões dos outros", mas calcule, antes de mais nada, como está a sua equipe, dentro do método que está sendo usado para cálculo, e então determine qual será o seu alvo. Calcule sempre do mesmo modo, para progressivamente ir atingindo melhores valores. Não compare os seus índices com índices de outras equipes sem saber como o índice dos outros foram calculados.

A não preocupação com "padrões dos outros" como citado, é apenas na fase inicial da implantação do seu sistema de avaliação. Quando ele for confiável, então você deverá começar a se comparar com outros e a se preocupar em ser melhor que outras equipes e empresas.

Lembre-se que fatores sociais, culturais, salariais, de ordem religiosa ou climática, e até eventos esportivos influenciam na resposta de uma equipe. Por isto não é adequado comparar uma equipe de manutenção de uma local ou de um país com outra equipe de outro país onde tudo é diferente. A comparação só será válida se for garantido que as condições de trabalho são iguais, ou seja, que foi fornecido o mesmo treinamento, as mesmas ferramentas, sobressalentes e proximidade de fornecedores, isto entre vários outros fatores que afetam o rendimento de uma equipe de manutenção.

Estabeleça a maneira como irá calcular os índices, pois o restante será uma conseqüência. Com os valores iniciais examine o ocorrido e introduza as melhorias e modificações no sistema de PCM e no modo da equipe agir, para obter os valores que forem mais adequados.

Um lembrete: os índices de mão-de-obra e de pessoal não devem ser analisados isoladamente, pois o exame de apenas uma variável pode conduzir a interpretações equivocas. Assim é profundamente recomendável que se tenha um conjunto de índices que sejam periodicamente levantados e comparados.

6.2 – Eficiência da Supervisão e Programação

6.2.1 – Finalidade
Este índice visa determinar quanto do serviço do pessoal de manutenção foi feito obedecendo programação.

6.2.2 – Fórmula

$$EFSP = \frac{\text{Hh gasto em trabalho programado}}{\text{Hh de relógio de ponto}} = \frac{HHPR}{HHRP}$$

6.2.3 – Período de Apuração
Recomenda-se período de apuração mensal.

6.2.4 – Comentários
Este índice não tem valor teórico tido como ótimo, pois há de variar para cada indústria, para cada política de gerenciamento. Por exemplo, se a manutenção de turno não entrar na apuração do valor, fatalmente teremos um índice com valor maior do que se a equipe de turno fosse incluída no sistema de cálculo. Se entrarmos apenas com o pessoal que executa a preventiva, ou seja a turma do horário normal o valor deste índice deveria ser o mais próximo da unidade.

Atenção especial deve ser dava a serviços que não sendo manutenção são atividades programáveis, como por exemplo a operação de Subestações de Caldeiras, de Compressores, de atividades de CIPA, Brigada de Incêndio, em Treinamento, todos os treinamentos recebidos pelos empregados, etc.

Do mesmo modo, deve-se ter cuidado ao definir o que é serviço programado, e o que é não programado.

6.3 – Eficiência da Equipe de Preventiva

6.3.1 – Finalidade
Este índice visa constatar quanto do serviço previsto de manutenção preventiva foi concluído dentro do tempo estimado como adequado.

6.3.2 – Fórmula

$$EFEP = \frac{Hh\ realizado}{Hh\ previsto} \times 100 = \frac{HHRE}{HHES} \times 100$$

6.3.3 – Período de Apuração

Recomenda-se período de apuração mensal.

6.3.4 – Comentários

Seus valores deverão estar sempre o mais próximo da unidade. Se os valores estiverem muito baixos demonstram que existe um problema a ser resolvido, pois ou a estimativa de tempo para execução é muito apertada ou a equipe não possui treinamento suficiente para executar a tarefa.

Não se pode esquecer também que a falta de ferramentas adequadas conduzem a maior tempo de execução. Incluir como ferramentas adequadas todas as facilidades e equipamentos de apoio que ser pode ter, como guindastes, andaimes, escadas, carros para transportar equipes e componentes, sobressalentes para simples troca e etc. Não se pode considerar como má performance efetuar a revisão de um equipamento em tempo maior que o habitual quando facilidades que existiam foram suprimidas. Devemos estabelecer o novo parâmetro.

Por outro lado, se na apuração do item encontrarmos valores acima da unidade devemos supor que a estimativa está muito folgada, que o serviço foi mal executado, que novas facilidades foram fornecidas, que a equipe desenvolveu melhores métodos de trabalho, ou outra alternativa a determinar.

Deve-se evitar a aplicação deste item em espaços de tempo muito reduzidos ou em apenas um serviço. Seu valor deve ser uma média, de preferência mensal, para compensar problemas ou dificuldades ocasionais.

Por isto, recomenda-se o levantamento do valor da Eficiência da Manutenção preventiva "mensalmente".

A dificuldade inicial é quando não se tem um valor para que seja usado como referência para "Hh" previsto. Aqui se recomenda como leitura adicional as obras citadas, na bibliografia, sobre o assunto.

6.4 – Capacidade de Absorção de Trabalho

6.4.1 – Finalidade

Este índice visa constatar como a equipe de manutenção está absorvendo as O.S. que estão sendo programadas. Enquanto em 6.3 acima falávamos de Hh, agora falamos quantidade de O.S.

6.4.2 – Fórmula

$$CATE = \frac{\text{Número de O.S. realizadas}}{\text{Numero de O.S. Programadas}} \times 100 = \frac{OSRE}{OSPR} \times 100$$

6.4.3 – Período de Apuração
Este valor deve ser verificado mensalmente e deve ser o mais próximo da unidade.

6.5 – Percentual de Utilização em Trabalhos de Manutenção Preventiva

6.5.1 – Finalidade
Este item visa constatar quanto da mão-de-obra de manutenção está sendo aplicada em manutenção preventiva.

6.5.2 – Fórmula

$$PTMP = \frac{\text{Hh em trabalhos de preventiva}}{\text{Hh trabalhados em manutenção}} = \frac{HHMP}{HHMN}$$

6.5.3 – Período de Apuração
Este valor deve ser verificado mensalmente e varia conforme a época, instalação, equipamentos, política de produção e de manutenção.

6.6 – Percentual de Utilização em Trabalhos de Manutenção Preditiva

6.6.1 – Finalidade
Este item visa determinar quanto de mão-de-obra de manutenção está sendo aplicada em manutenção preditiva.

6.6.2 – Fórmula

$$PTMC = \frac{\text{Hh em trabalhos de preditiva}}{\text{Hh trabalhado em manutenção}} = \frac{HHMD}{HHMN}$$

6.6.3 – Período de Apuração
Este valor deve ser verificado mensalmente e é uma conseqüência de política de prevenção de falhas e de detecção precoce sempre que possível, com envolvimento do pessoal de operação para reduzir as paradas imprevistas e as paradas de preventiva sistemática desnecessárias,.

6.7 – Percentual de Utilização em Trabalhos de Manutenção Corretiva

6.7.1 – Finalidade
Este item visa determinar quanto de mão-de-obra de manutenção está sendo aplicada em manutenção corretiva.

6.7.2 – Fórmula

$$PTMC = \frac{\text{Hh em trabalhos de corretiva}}{\text{Hh trabalhado em manutenção}} = \frac{HHMC}{HHMN}$$

6.7.3 – Período de Apuração
Este valor deve ser verificado mensalmente e é uma conseqüência de política de produção, políticas de manutenção cuidado de operadores, programas de manutenção preventiva sobressalentes adequados, etc.

6.8 – Percentual de Utilização em Trabalhos de Emergência

6.8.1 – Finalidade
Este índice tem por finalidade verificar quando dos serviços de manutenção estão sendo aplicados em atividades que são consideradas emergência.

6.8.2 – Fórmula

$$PTME = \frac{\text{Hh em trabalho em emergência}}{\text{Hh trabalhado em manutenção}} = \frac{HHME}{HHMN}$$

6.8.3 – Período de Apuração
Este índice deve ser o menor possível e deve ser medido mensalmente ou semanalmente. A dificuldade está em obter uma boa definição para o que realmente é emergência e o que fica mascarado ou mal definido.

6.9 – Percentual de Utilização em Trabalhos Estranhos à Manutenção

6.9.1 – Finalidade
Este índice visa determinar quanto da mão-de-obra de manutenção está sendo aplicada em atividades que não são manutenção.

6.9.2 – Fórmula

$$PTEM = \frac{\text{Hh em serviços estranhos à manutenção}}{\text{Hh trabalhado em manutenção}} = \frac{HHEM}{HHMN}$$

6.9.3 – Período de Apuração
Este índice deve ser apurado mensalmente junto com os demais.

6.9.4 – Comentários
Este é um valor muito adequado para ser levantado principalmente quando se pretende comparar equipes de manutenção de fábricas diferentes e que tem atribuições diferentes. Se, por exemplo, as forças de trabalho são diferentes em quantidade e as atribuições são diferentes, podemos iniciar excluindo o percentual de mão-de-obra que não é utilizado em manutenção, como operação de Estações de Compressores, Casas de Máquinas, Subestações, Caldeiras, Redes de Incêndio, reparo de Centrais Telefônicas, Montagens e Desmontagens de Divisórias, Mudanças de Ramais Telefônicos, Modificações e melhorias de instalações, participação na execução de itens de investimento, e outros serviços de apoio.

Se as atividades acima forem consideradas como em manutenção, o índice pode demonstrar quanta mão-de-obra está sendo despendida em atividades de manutenção que não é a manutenção industrial.

De outro modo com pequena variação serve para indicar Hh gasto em treinamento, exames médicos, brigada de incêndio, reuniões de CIPA, comissões de alimentação, atividades esportivas e outras coisas que se faz dentro do tempo que poderia ser gasto me manutenção propriamente dita.

6.10 – Percentual de Utilização Total em Manutenção

6.10.1 – Finalidade
Este índice visa avaliar quanto da mão-de-obra registrada em relógio de ponto é realmente trabalhada em manutenção ou, com pequena variação, quanto é realmente trabalhada incluindo-

se todas as outras atividades que o pessoal possui.

6.10.2 – Fórmula

$$PTOT = \frac{\text{Hh Trabalhado em manutenção}}{\text{Hh de relógio de ponto}} = \frac{HHNM}{HHRP}$$

6.10.3 – Período de Apuração
Recomenda-se a apuração deste índice na mesma periodicidade dos demais.

6.10.4 – Comentários
Este item emprega para seu cálculo os valores realmente disponíveis, verificados pelo relógio de ponto e não pelo efetivo disponível.

Para efeito de análise, quando corretamente utilizado o valor deve ser o mais alto possível. Sua aplicação deve ser mensal.

6.11 – Excesso de Serviço do Pessoal de Manutenção

6.11.1 – Finalidade
Este índice indica o quanto o pessoal de manutenção está presente na empresa acima da carga normal que, normalmente é de oito horas diárias, de acordo com a C.L.T. Outros valores diferentes poderão ser usados em função de acordos trabalhistas, No entanto, mais importante que o valor do índice para jornadas diárias é o levantamento para valores médios ao longo do mês ou de um período qualquer que se leve em conta.

6.11.2 – Fórmula

$$EXSE = \frac{\text{Hh relógio de ponto}}{\text{Hh normal}} = \frac{HHRP}{HHNM}$$

6.11.3 – Período de Apuração
Recomenda-se apuração mensal deste índice.

6.11.4 – Comentário
Como trabalhado, deve ser o Hh proveniente da soma de todo o Hh registrado em cartão de ponto, considerando-se que a hora extra estará sempre indicada no cartão de ponto. Considere que horas extras compensadas com folgas não devem ser consideradas "horas extras". Por isto é que

sugerimos utilização das horas de relógio de ponto, pois ali folga e compensação de eventuais "dobras" ou extras já estarão automaticamente indicadas. Quanto mais sofisticado for o sistema de apuração de freqüência, mais fácil será a apuração deste valor. Sistemas de leitura ótica de identidades (crachás) ou magnéticas, ligados a computador, já trazem quase tudo pronto.

6.11.5 – Exemplo
A equipe trabalhou conforme apontado 800 Hh, em manutenção, com 10 empregados em 10 dias úteis. Isto faz supor que cada um trabalhou oito horas por dia. No entanto se a soma do disponível indicar apenas 650 Hh, é fácil verificar que forma trabalhadas 150 Hh extras e que o valor **EXSE** é 1.23, o que indica uma sobrecarga de 23 por cento. Se for freqüente, algo deve ser feito para que o valor retorne para a unidade, ou quase.

6.11.6 – Uso de Horas Extras
Considere que eventuais horas extras que foram compensadas por folga não devem ser consideradas como tal. Por isto é que sugerimos a utilização das horas de relógio de ponto por ali folga e compensação de eventuais "dobras" e extras já estará automaticamente indicada.

6.11.7 – Cartão de Tempo
O uso de cartão de tempo, ou "time sheet" diário preenchido por um apontador pode resolver o problema acima citado, fazendo com que não seja preciso utilizar o cartão de ponto como base de informação.

6.12 – Estrutura de Envelhecimento e Idade do Pessoal
Os índices aqui citados tratam sobre a equipe e sua idade ou sobre quanto tempo falta para aposentadoria.

6.12.1 – Finalidade
Determinar a Idade Média da equipe

6.12.2 – Fórmula

$$\text{EEIP} = \frac{\text{soma das idades do pessoal}}{\text{número de empregados}}$$

6.12.3 – Período de Apuração
Recomenda-se que este índice seja apurado apenas de seis em seis meses ou anualmente.

6.13 – Estrutura de Envelhecimento Tempo para Aposentadoria

6.13.1 – Finalidade
O índice abaixo indica quanto Hh temos a "n" anos para aposentadoria.

6.13.2 – Fórmula

$$\text{EEPA} = \frac{\text{Hh de pessoas a ``n'' anos da aposentadoria}}{\text{HHDI}}$$

6.13.3 – Período de Apuração
Recomenda-se que este índice seja apurado no mesmo período do índice EEIP.

6.14 – Estrutura de Envelhecimento Tempo de Casa

6.14.1 – Finalidade
O valor abaixo indica quanto Hh temos com "n" anos de casa.

6.14.2 – Fórmula

$$\text{EEAC} = \frac{\text{Hh de pessoas com ``n'' anos de casa}}{\text{HHDI}}$$

6.14.3 – Período de Apuração
Recomenda-se a apuração anual ou semestral.

6.14.4 – Comentários
Estes índices podem ser determinados para "n" igual ou maior que certo valor.

Diversos outros valores de estrutura de idade podem ser determinados ou combinados. Em média os valores seriam computados apenas semestralmente para que o Administrador não seja apanhado de surpresa por um valor, digamos, em que a metade da turma está a apenas dois anos da aposentadoria. Dependendo da complexidade da fábrica, temos então apenas dois anos para treinar 50% da equipe para ter certeza que todos os que vão ficar dominam todos os conhecimentos. Por outro lado devemos providenciar mão-de-obra nova em condições de substituir a que irá se aposentar.

6.15 – Clima Social

6.15.1 – Finalidade
Este índice determina quanto por cento de pessoal saiu da turma por qualquer motivo. Deve ser averiguada a causa, se a diferença foi significativa quando comparado com outras turmas.

6.15.2 – Fórmula

$$CSRP = \frac{\text{efetivo médio nos "k" meses precedentes}}{\text{efetivo médio + demissões + transferências}}$$

6.15.3 – Período de Apuração
Recomenda-se que este índice seja apurado sempre por solicitação e seja indicado para todas as equipes e turmas das fábricas, não apenas de manutenção, mas para todos as demais.

6.15.4 – Comentários
Nem todas as empresas permitem que este coeficiente seja calculado, pois pode mostrar insatisfação do pessoal com a política da empresa seja ela a salarial, disciplinar ou de recursos humanos. Como um índice deste tipo pode ter diversos desdobramentos, as empresas preferem não permitir seja calculado.

Quando calculado com valor menor que a unidade em um grupo, deve-se saber o que está se passando para que sejam tomadas providências para remoção das causas de insatisfação com conseqüências benéficas para a produtividade.

6.16 – Turnover em Manutenção

6.16.1 – Definição
Turnover: Rotatividade de Mão-de-Obra. Quantidade de mão-de-obra que entrou ou saiu na manutenção, seja dispensada ou recontratada no período medido, seja transferida para a manutenção ou transferida da manutenção para outro setor interno ou externo. Na medição deste indicador em manutenção (Turnover) deve ser considerada a movimentação interna, na empresa, e externa ou seja saídas e entradas na empresa, no nosso caso, apenas na área de manutenção da empresa.

Não considerar o aumento ou redução definitiva de quadro de pessoal. Se uma empresa possui e mantém, por exemplo, 100 empregados, mas durante o ano dispensou e readmitiu 10 empregados a rotatividade ou "Turnover" é de 10% neste ano.

6.16.2 – Finalidade
Indicar ao administrador quanto da mão-de-obra usada em cada equipe, seção, gerência ou empresa é trocada a cada ano seja internamente ou externamente.

6.16.3 – Fórmula

$$\text{TURN} = \frac{\text{Total demitido e recontratado + total transferido}}{\text{Total do quadro efetivo}}$$

6.16.4 – Considerações

A mão-de-obra perdida devido a redução permanente de quadro ou a mão-de-obra contratada permanentemente não deve ser considerada como "Turnover".

Se o Administrador contratar e dispensar mão-de-obra terceirizada, periodicamente, poderá a seu critério considerar como mão-de-obra flutuante ou sazonal e a seu critério considerar como "turnover".

No entanto se a empresa terceirizada com seus colaboradores (o terceiro) for contratada por longo período, esta mão-de-obra que entra e sai nos quadros da nossa manutenção deverá ser considerada como "Turnover" não só no total de mão-de-obra que presta serviço de manutenção, mas também computada como no "Turnover" no quadro do terceiro.

Assim teríamos que computar o "Turnover" próprio, o "Turnover" terceirizado e "Turnover" total.

Existe uma curiosidade que foi notada no Documento Nacional: a rotatividade da manutenção, conforme dados fornecidos pelas empresas é da ordem de 2,5% ao ano o que daria uma permanência média de 40 anos para cada pessoa na manutenção. Ver quadro ao lado, extraído do Documento Nacional edição de 2005 reproduzido aqui com autorização da Abraman.

"Turnover" Anual do Pessoal da Manutenção	
Ano	Rotatividade Anual (% Médio)
2005	1,98
2003	2,32
2001	2,46
1999	2,45
1997	2,22
1995	2,75

© Abraman Reproduzido com permissão.

Figura 6.01

6.17 – Absenteísmo

6.17.1 – Definição
Perda de capacidade de trabalhar ou de mão-de-obra para trabalhar devido faltas, ausências, atrasos ou saídas antecipadas. É a falta de assiduidade do empregado.

6.17.2 – Finalidade
Indicar ao Administrador ou ao Gerente quanto da mão-de-obra está sendo perdida em faltas, atrasos, saídas cedo, e outros fatores que retiram a mão-de-obra do local de trabalho. Não considere aqui a mão-de-obra utilizada em atividades da empresa, como presença em solenidades, festas, CIPA, SIPAT, treinamento, etc.

6.17.3 – Fórmula

$$ABSE = \frac{\text{total de Hh perdido}}{\text{HHRP}}$$

6.17.4 – Período de Apuração
Recomenda-se a apuração deste índice junto com os demais índices, e não apenas para a manutenção, mas para todas as equipes da fábrica.

6.17.5 – Comentários
Férias não devem ser computadas como absenteísmo pois não são faltas ao trabalho, mas sim um direito adquirido após o ano de serviço. Pode-se usar dias perdidos na fórmula em substituição ao valor do Hh, mas isto complica um pouco, pois eventuais saídas cedo ou atrasos não serão facilmente computáveis, enquanto o Hh é uma conseqüência da apuração, vindo dos valores anotados para uso em Gerência de Mão-de-Obra. Para que então se saiba quantos dias foram perdidos, basta dividir pela quantidade de horas da jornada diária. Se forem oito horas diárias, divide-se por oito. Se a jornada diária for de nove horas divide-se por nove. No entanto, para que se possa comparar equipes diferentes, que às vezes possuem jornadas diferentes, sugere-se que a divisão do total de Hh seja feita por oito, por ser a jornada mais usual.

6.18 – Backlog

6.18.1 – Definição pela Manutenção
Determinar o tempo que a equipe de manutenção deverá trabalhar para executar os serviços pendentes, supondo que não cheguem novos pedidos ou ordens de serviço durante a execução destes serviços.

6.18.2 – Definição pelo Cliente
Indica o tempo que teremos que esperar para sermos atendidos

6.18.3 – Definição na Área da Qualidade
Indica a incapacidade da manutenção em atender os seus clientes.

6.18.4 – Teoria das Filas e Backlog
Pela Teoria das Filas, é o tempo que a última O.S. leva para ser atendida (Wq), na condição especial em que toda a força de trabalho é usada para atender as pendências existentes e não é permitido entrar mais O.S. na fila.

A equipe de Manutenção será "Estação de Serviços", a disciplina de atendimento determinada pela "prioridade", normalmente "FIFO" ("First In – First Out"). A primeira O.S. a chegar é atendida antes. Quando chegar uma O.S. de prioridade diferente ela será atendida dentro de sua fila. A Taxa de Chegada pode ser determinada e a Taxa de Atendimento também. O Fator de utilização é conseqüência. Neste caso o tempo de espera (Wq) será o tempo real para atendimento.

As O.S. que não dependem só de mão-de-obra, também se enquadram neste procedimento, têm o tempo de espera aumentado pelo período de aquisição de material, etc. Mas também fazem parte da média de chegada, saída e da taxa de utilização de mão-de-obra para atendimento.

6.18.5 – Causas da Existência de Backlog
Cita-se a seguir as causas mais comuns que impedem ou retardam o atendimento e a execução imediata de um serviço, e que causa insatisfação no cliente.

Para computação, indicamos códigos que poderão ser usados para indicar como a O.S. está no momento, ou "status" atual.

Estes códigos aqui descritos tem como finalidade de alertar apenas para a situação Backlog.

	Código	"status da O.S."
a.	"BH"	– falta de mão-de-obra
b.	"BM"	– falta de material para execução
c.	"BF"	– falta de ferramentas
d.	"BA"	– falta de equipamento de apoio
e.	"BC"	– falta de condições de trabalho
f.	"BL"	– equipamento não liberado
g.	"BI"	– interferência de outras equipes

Este conjunto de O.S. aguardando execução é chamado de "BACKLOG e o relatório destas O.S. "Relatório de Backlog".

6.18.6 – Unidades de Medição do Backlog

Devemos fornecer ao Gerente de Manutenção uma idéia precisa, de como estão as coisas na Manutenção: quanto trabalho existe para ser feito e quanto tempo para executar. O relatório tratará de tempo de atraso e para cada indústria existirá uma unidade de tempo mais adequada. A unidade mais comum para medir o tempo de atraso é "Dias de Espera". Em alguns casos, "semana" e mais raramente o "mês".

6.18.7 – Como Obter um Relatório de Backlog

Se as O.S. estão aguardando execução, se sabe quanto e qual mão-de-obra é necessária, qual a seqüência de trabalho, quanto e qual material será necessário, etc.

Para o relatório, sugere-se o seguinte procedimento:

a. **Listar as O.S. pela variável de interesse.**

   A seguir, uma sugestão para a estrutura de arquivo para programa de computador. Alguns serão para o histórico do equipamento. Estes códigos aqui listados deverão fazer parte das tabelas ou cadastros de usuários ou de equipes que compõe a estrutura de manutenção. Alguns estão listados apenas para que possa lembrar por quais variáveis se pode tirar um relatório de backlog, onde por coerência representei com quatro letras:

   a.1. "SETO" – setor de manutenção

   a.2. "TURM" – turma de manutenção

   a.3. "ENCR" – encarregado de manutenção

   a.4. "TIMO" – Tipo de mão-de-obra envolvida

   a.5. "PRIO" – prioridade de atendimento

   a.6. "ÁREA" – área ou unidade a ser atendida

   a.7. "UNID" – unidade móvel

   a.8. "DATB" – Dia do Registro da O.S.

   a.9. "DATN" – Dia do encerramento da O.S.

   a.10. "HHES" – Homem.hora estimado na O.S.

   a.11. "HHRE" – Homem.hora realizado na O.S.

   a.12. "NOOS" – Número da Ordem de Serviço

   a.13. "PROG" – Programador ou estimador

   a.14. "STAT" – Condição em que está a O.S.

   a.15. outros critérios quaisquer que sejam importantes para a análise que se necessite.

   Cada listagem fornecerá um relatório de Backlog pela variável solicitada. Uma listagem de serviços por "PRIO" dará um relatório por prioridades. Uma listagem "TIMO" dará um relatório por especialidades: eletricistas, mecânicos, etc.

b. **Some HHES para a execução do serviço para a variável escolhida.**

c. **Divida o HHES total pelo HHDI (Hh DIsponível) do grupo, na unidade de tempo que será usada no relatório.**

   Para 10 operários que trabalhem, com unidade "dia", o divisor será: 10 homens x 8 horas diárias = 80 Hh diários.

d. **O resultado obtido será o tempo em "dias" que o grupo deverá trabalhar para executar todo o serviço.**

Se chegarem mais pedidos, o Hh mudará e o tempo de execução será maior. Se a listagem foi feita, por exemplo, por "ÁREA", o valor encontrado é o tempo em dias de trabalho para execução de todos os serviços daquela área.

e. **Com o valor calculado, monte uma tabela de valores para comparação e um gráfico para acompanhamento.**

6.18.8 – Um Exemplo

Com um turma de 48 eletricistas com 52 O.S. num total de 2823 Hh estimados e 96 mecânicos com 76 O.S. e 3522 Hh estimados qual é o Backlog, em dias, por turma e grupo, considerando os dados a seguir:

a.	quadro de pessoal	48 eletricistas	– 96 mecânicos
b.	em férias	04 eletricistas	– 08 mecânicos
c.	absenteísmo (4,2%)	02 eletricistas	– 04 mecânicos
d.	pessoal de turno	12 eletricistas	– 12 mecânicos
e.	vagas a preencher	06 eletricistas	– 10 mecânicos
	Disponível	24	63
	Quadro efetivo da Equipe	24 eletricistas	– 63 mecânicos
f.	Força de trabalho para atendimento	24 eletricistas	– 63 mecânicos
g.	Hh diários de eletricista: 24x8=192 Hh/dia		
	Hh diário de mecânicos : 63x8=504 Hh/dia		
h.	Backlog de eletricistas : 2823:192 = 14,7 ou 15 dias		
	Backlog de mecânicos : 3522:504 = 6,9 ou 07 dias		

Neste exemplo os eletricistas trabalharão cerca de quinze dias e os mecânicos sete dias para atender os serviços pendentes.

O Backlog do grupo pode ser determinado de duas maneiras:

a. média aritmética dos valores (15+7) : 2 = 22 : 2 = 11 dias.

O uso desta sistemática fica restrito a grupos com força de trabalho iguais. Haverá distorção se as forças de trabalho forem muito diferentes.

b. pela razão entre Hh total estimado o efetivo : (2823+3522) : (192+504) = (6345) : (696) = 9,11.

O uso desta sistemática reduz a distorção do modelo anterior mas traz em si, embutido, o sofisma de considerar que empregados de diferentes especialidades, farão os serviços de outras equipes com o mesmo rendimento.

Qualquer dos métodos apontado poderá introduzir distorções no resultado mas poderão ser desconsideradas. A análise de Backlog será feita sempre baseada na mesma sistemática de cálculo. O importante é determinar tendências de variação ao longo do tempo e não valores absolutos, apesar do interesse óbvio no valor absoluto.

6.18.9 – Outro Exemplo

6.18.9.1 – Proposição
Uma divisão de manutenção possui três setores para atender uma fábrica.
- a. Setor de Elétrica com 30 eletricistas e 10 instrumentistas. No total 40 homens.
- b. Setor de Mecânica com 30 mecânicos de manutenção e 6 mecânicos de refrigeração. No total 36 homens.
- c. Setor de Serviços Gerais com 30 pessoas para as obras civis e dois marceneiros. No total 32 homens.
- d. Total da Divisão de Manutenção: 98 profissionais.
- e. Os dados faltantes estão indicados abaixo.

6.18.9.2 – Resolução
Vamos admitir que a força de trabalho acima é a que poderá sempre ser usada para efeito de programação. Não existem profissionais em turno, em treinamento, em férias e o quadro está completo.

- a. Na tabela abaixo está indicado o Backlog por setores:

	Hh pendente	Hh Efetivo	Backlog
Manutenção Elétrica			
eletricistas	2.550 Hh	240 Hh	11 dias
instrumentistas	2.550 Hh	80 Hh	32 dias
Manutenção Mecânica			
mecânicos	1.980 Hh	240 Hh	9 dias
refrigeração	1.950 Hh	48 Hh	41 dias
Serviços Gerais			
civil	2.850 Hh	240 Hh	12 dias
marceneiros	750 Hh	16 Hh	47 dias

- b. Cálculo do Backlog por Setores e da Divisão, calculado por razão entre Hh estimado e a Força de Trabalho:

    Manutenção Elétrica =

    (2550+2550) : (80+240) = 15,9 ou 16 dias

    Manutenção Mecânica =

    (1980+1950) : (48+240) = 13,6 ou 14 dias

    Serviços Gerais = (2850+750) : (16+240) = 14 dias

    Backlog da Divisão =

    (5100+3930+3600):(320+288+256) = 15 dias

c. Cálculo do Backlog por Setores e da Divisão, calculado por Média Aritmética dos dias:
Manutenção Elétrica   = (32 + 11) : (2)   = 21.5 ou 22 dias
Manutenção Mecânica = (9 + 41) : (2)   = 25 dias
Serviços Gerais   = (12 + 47) : (2)   = 29.5 ou 30 dias
Backlog da Divisão   = (22+25+30) :(3)   = 25.6 ou 26 dias

d. Reapresento os valores para ressaltar as diferenças:

	por razão	por média	diferença
Manutenção Elétrica	16 dias	22 dias	37%
Manutenção Mecânica	14 dias	25 dias	78%
Serviços Gerais	14 dias	30 dias	114%
Divisão de Manutenção	15 dias	26 dias	80%

Evidentemente a constituição das equipes foi arbitrada para ressaltar as diferenças de cálculo que como vimos, com mesmos valores iniciais e métodos de cálculos distintos chegamos a valores finais distantes entre si, porém matematicamente corretos.

6.18.10 Análise dos Gráficos de Valores de Backlog

A análise de gráficos de Backlog transmitirá muita informação ao Gerente de Manutenção

6.18.10.1 – Backlog Estável

Valores razoavelmente estáveis ao longo do tempo, darão um gráfico parecido como este que está a seguir.

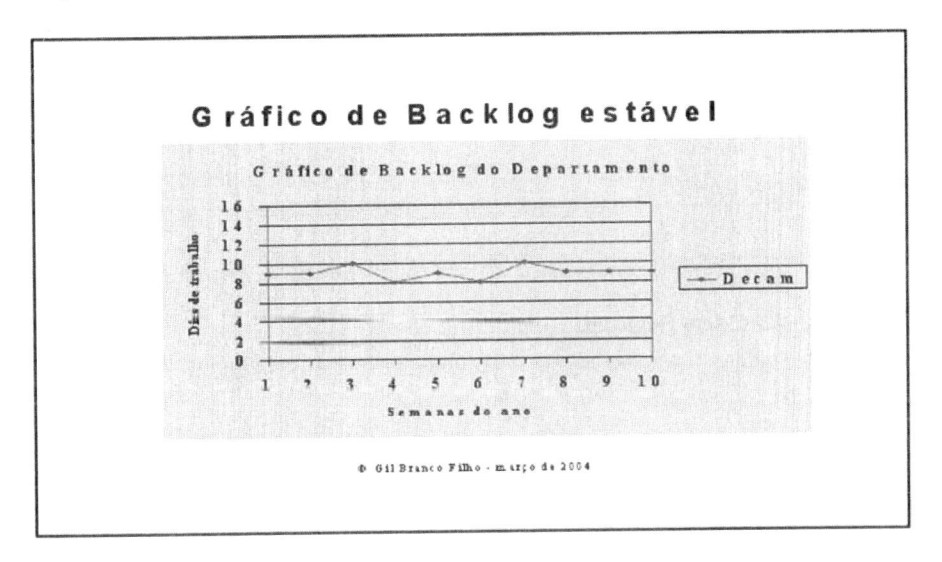

Figura 6.02

Indicadores e Índices de Manutenção

Quando se obtém um gráfico deste modo, a situação é estável, o que não quer dizer que é boa.

Deve-se verificar com outros métodos de aferição de ocupação e então tomar providências se for o caso. Já encontramos equipes com Backlog estável e em baixa produtividade.

Se o valor estável for considerado alto, pode-se contratar mão-de-obra temporária para a execução dos serviços pendentes, até que o total seja reduzido para valores aceitáveis ou autorizar a equipe a fazer horas extras e baixar o backlog para valores aceitáveis.

6.18.10.2 – Backlog Crescente

Valores aumentando progressivamente quando colocados em gráficos serão aproximadamente como o que está a seguir:

Está havendo um aumento progressivo de pedidos pendentes e isto se deve normalmente a mão-de-obra insuficiente, ou de má qualidade, ou supervisão inoperante. Verifique métodos de trabalho e forneça treinamento. Alternativamente aumente o quadro de pessoal.

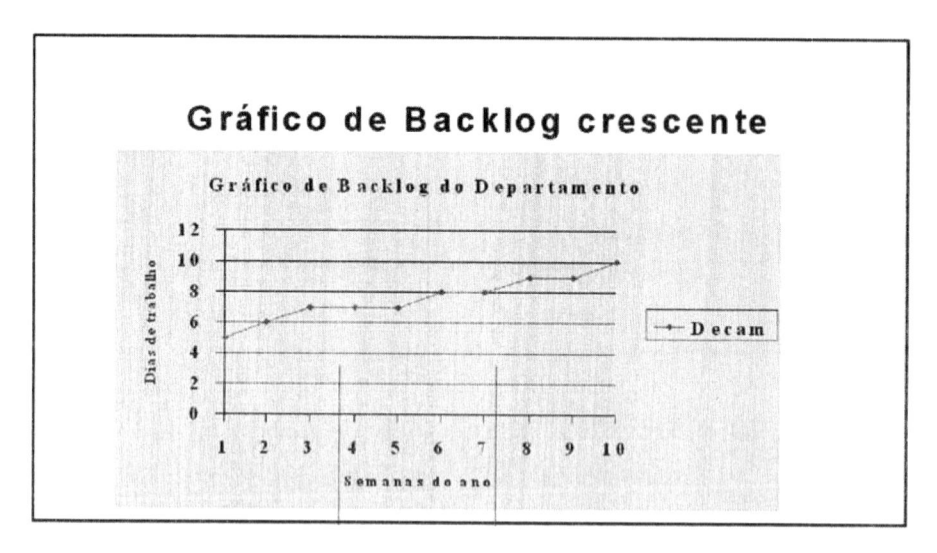

Figura 6.03

6.18.10.3 – Backlog Reduzindo

Valores diminuindo ao longo do tempo quando colocados em gráficos ficarão como o que está a seguir.

Gráfico de Backlog decrescente

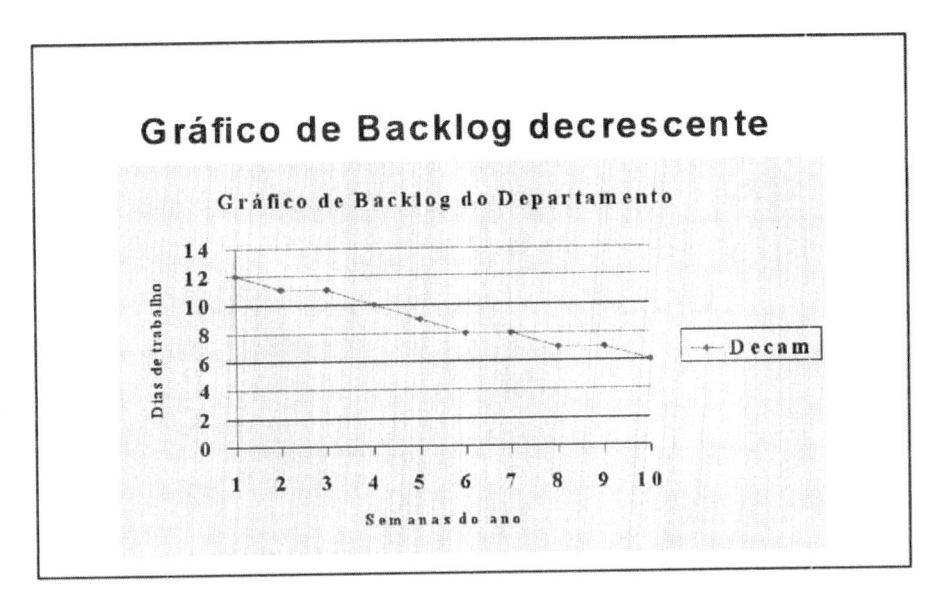

Figura 6.04

Detectada uma condição de redução contínua de backlog, o Gerente de Manutenção deverá tomar medidas para evitar falta de serviço e ociosidade:

1   rever os critérios de serviços contratados externamente;
2   Fazer serviços internos que não eram feitos ou porque não se queria fazer ou não se podia fazer;
3   quando a situação é transitória, aproveitar o período para dar treinamento a equipe;
4   transferir parte do pessoal para outros órgãos;
5   dispensar empregados.

6.18.10.4 – Backlog com Aumentos Bruscos

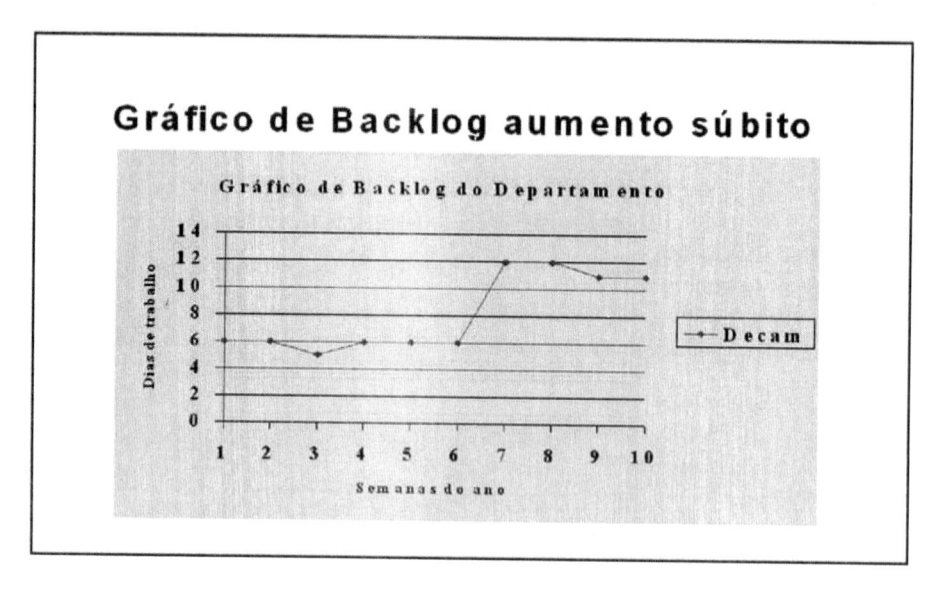

Gráfico de Backlog aumento súbito

Figura 6.05

Fatores contribuem para a situação acima:

1. Entrada de pedidos que consomem muita mão-de-obra como modificações, grandes reparos e reformas;
2. Inspeções feitas nas áreas pelos supervisores de produção ou manutenção que trazem como resultado um "pique" de serviços;
3. Mudanças de padrões de qualidade do solicitante;
4. Assunto que virou moda. Ex.: repintar salas;
5. Redução de quadro de pessoal.

Capítulo 6 – Indicadores de Mão-de-Obra | **109**

6.18.10.5 – Backlog com Reduções Bruscas
O gráfico que está a seguir é:

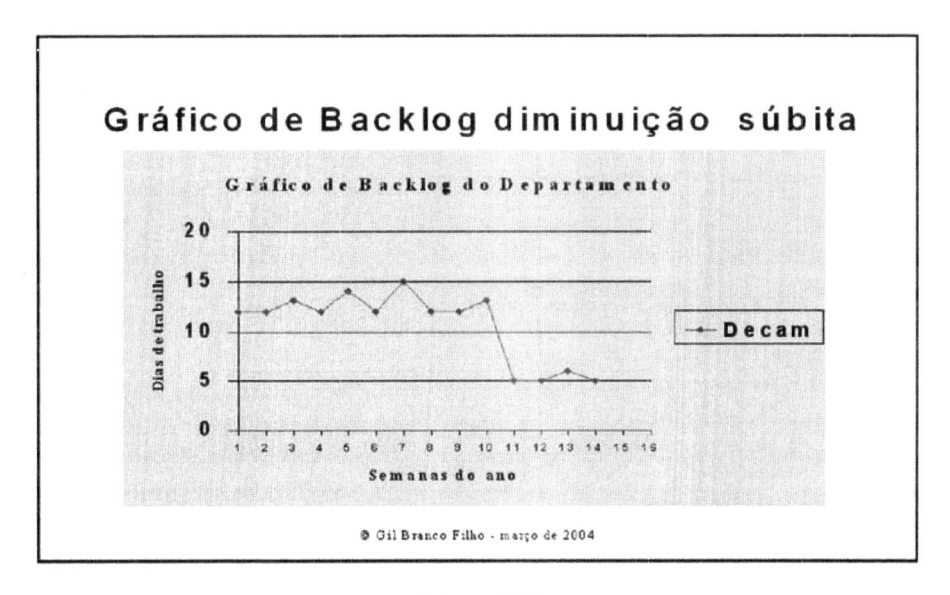

Figura 6.06

São normalmente devidas a:
1. contratação de mão-de-obra externa;
2. início de serviços, onde o critério de apuração de backlog é feito pelo que está na listagem. Não há computação;
3. revisão em arquivo de Backlog com baixa em pedidos não mais necessários;
4. aumento de força de trabalho.

6.18.10.6 – Backlog com Oscilações Periódicas ou Cíclicas

O gráfico é o que está abaixo.

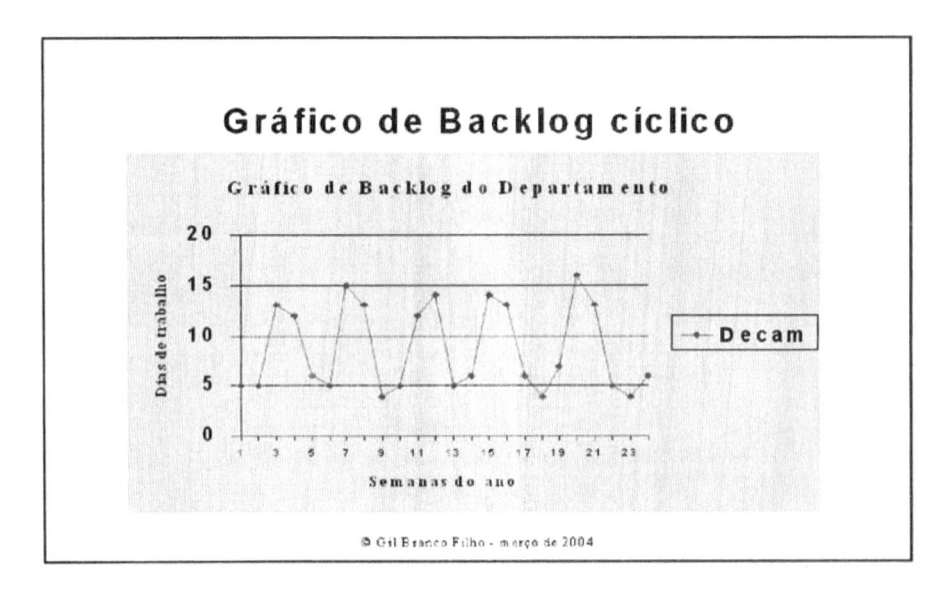

Figura 6.07

São normalmente devidos a:

1. Inspeções periódicas em áreas de Produção.

    Os responsáveis pelas áreas de produção estão fazendo as O.S. apenas quando o "Chefe" vem visitar a área. Isto deve ser contornado com visitas periódicas às áreas para que se consiga que os pedidos de manutenção sejam feitos com regularidade. Um esquema alternativo é enviar pessoal seu para inspecionar, conversar e abrir os pedidos de manutenção, mesmo que não seja pratica habitual na empresa. Isto quer dizer que você pode ser proativo.

2. Erros ou vícios no sistema de registro de O.S.
3. Registro de O.S. em reuniões periódicas com produção.
4. Eventos sazonais.

6.18.11 – Como Lidar com seu Backlog

Apesar de não existir procedimento que possa ser aplicado em qualquer circunstância, algumas práticas podem ser enumeradas:

a – Organize o seu arquivo de serviços pendentes.

Se houver processamento de dados com auxílio de computador, é fácil. Se não existir, leia todas as O.S. para saber o que está pendente, e separe por ordem de importância.

Atenção

Ordens de Serviço pendentes são aquelas que já deveriam estar sendo executadas ou que já deveriam estar concluídas. As ordens de Serviço emitidas para tarefas de preventivas, devido rotinas de programas especialistas em planejamento e controle de manutenção e que se referem, por exemplo, para o próximo ano não devem ser consideradas "atrasadas" ou em atraso. Quando chegar a data esperada de execução, e se não forem executas na data, aí sim serão backlog.

Como você vai tratar as Ordens de Serviço que já deveriam estar executadas e que estão planejadas para daqui a seis semanas?

Cremos que neste caso, se são programadas para daqui seis semanas porque a máquina não está disponível (ou porque eu não tinha mão-de-obra), em nosso entender é backlog devido a equipamento não disponível (ou falta de Hh). Se a O.S. esta parada e programada para daqui quatro semanas devido a falta de material, é backlog devido a falta de material.

b. Após rearrumar o arquivo, reveja os critérios de prioridade com os emitente.
c. Cancele ou modifique as que não mais retratam a realidade do pedido.
d. Inicie o atendimento dentro da nova ordem, usando a mão-de-obra disponível.
e. No mínimo duas vezes por ano faça uma reavaliação do que está pendente.
f. Destaque nos Relatórios de Manutenção as O.S. que são itens de investimento e as que consomem muita mão-de-obra.
g. Na parte dos gráficos estão comentários que se aplicam a cada caso, e que complementam os conceitos aqui emitidos.
h. Seja hábil para contornar situações novas e inusitadas.

6.18.12 – Indicadores Complementares de Backlog

Até agora usamos a unidade mais aceita como indicador de Backlog, que é o tempo que a equipe deverá trabalhar para dar conta do trabalho atrasado.

No entanto, usando a mesma definição existente na parte inicial deste indicador, e usando a teoria desenvolvida em Pesquisa Operacional, sobre Teoria das Filas (Queue Theory) vamos fazer uma consideração adicional: o tempo indicado na medição do Backlog é o tempo de demora **se** toda a força de trabalho fosse utilizada para remover este atraso.

No entanto, como dificilmente se usa toda a força de trabalho para remover este atraso de atendimento, sobra a questão: qual será o tempo médio mais provável para o atendimento?

6.18.12.1 – A Teoria das Filas

Da teoria das filas, usando KELLY & HARRIS [1979] lembramos que o tempo mais provável de permanência na fila de espera é dado por:

$$W_q = \rho/(\mu-\lambda)$$

onde
W_q => tempo médio de espera de um trabalho na fila.
ρ => fator de utilização da ou das equipes.
μ => taxa média de execução dos serviços.
λ => taxa média de chegada de serviços por unidade de tempo.

E como resultado notamos que existe um tempo médio no qual a Ordem de Serviço permanecerá na fila aguardando ser atendida.

6.18.12.2 – A Conseqüência

Normalmente existem filas de atendimento em manutenção lideradas pelas de maior prioridade e seguidas pelas de menor prioridade e que estas filas ocasionam um tempo de espera provável para estas ordens de serviço e para as máquinas.

Se considerarmos toda a O.S. possui sempre uma data de abertura, quando foi registrada no sistema de manutenção, e considerando que o computador possui normalmente dentro dele a data atual (hoje) e com estes dois valores podemos calcular a idade de uma ordem de Serviço, e que este valor (a idade) pode ser determinado a qualquer tempo pelo computador, sem maiores problemas, poderemos determinar o valor mais provável de permanência de uma O.S. na fila, ou seja em nosso backlog, já considerando todos os fatores acima que será a idade média ou o tempo médio de permanência em espera, onde sabemos que algumas O.S. irão ser atendidas antes e outras depois, mas o valor calculado é o valor médio que é o mais provável para a nossa amostra.

Já que sabemos que uma O.S. de maior prioridade sempre ficará menos tempo na fila de espera e que uma O.S. de menor prioridade ficará mais tempo na fila deveremos também dar atenção para este detalhe.

6.18.12.3 – Exemplo

Vejamos um exemplo:

No quadro a seguir montamos, com apenas dez Ordens de Serviço, um exemplo mais fácil de ser entendido:

os	abertura	hoje	idade	hhes	HHDI	backlog
1498/02	02-fev-02	10-set-03	585	320		em dias
1234/03	01-fev-03	10-set-03	221	140		
1343/03	01-mar-03	10-set-03	193	110		
1348/03	04-mar-03	10-set-03	190	250		
1456/03	14-mai-03	10-set-03	119	200		
1489/03	20-jun-03	10-set-03	82	15		
1490/03	10-jul-03	10-set-03	62	120		
1508/03	25-jul-03	10-set-03	47	35		
1515/03	03-ago-03	10-set-03	38	42		
1545/03	15-ago-03	10-set-03	26	123		
			156,3	1355	320	4,23438

Figura 6.08

Neste exemplo, temos uma idade média das O.S. na fila, esperando serem atendidas de 156,3 dias e o nosso backlog indica a realidade de 4,23 dias para serem atendidas.

Faça a conta e repare quão pouco da mão-de-obra que está sendo utilizada para cumprir as tarefas em atraso.

6.18.13 – Fator de Correção de Backlog

O Backlog é resultado da estimativa de tempo para a execução de um serviço, estimativa esta que é colocada na Ordem de Serviço ou Ordem de Trabalho, assim que se avalia o trabalho e sua duração e se avalia a carga de trabalho necessária para a execução.

Ou seja, é feita uma estimativa, que com base no conhecimento do programador/planejador, deve ser o valor mais provável da duração da obra ou do serviço de reparo. Só que na prática, é muito difícil acertar quanto tempo realmente a obra e o reparo irá durar.

Para diminuir a influência do eventual erro de estimativa existe um modo de se obter um número mais próximo ao real desempenho da equipe, ou seja, o desempenho médio real da equipe nas últimas Ordens de Serviço executadas.

6.18.13.1 – Consideração sobre a Programação

Ao programarmos, se chamarmos HHES a força de trabalho estimada para execução e por ocasião da conclusão da O.S. e se chamarmos de HHES a força de trabalho real de execução, e se efetuarmos uma operação de divisão, dividindo um pelo outro, teremos um indicador que mostrará se, naquela ordem em especial, estimamos para mais ou para menos o tempo de execução.

Assim, se HHRE = 135 e HHES = 100 teremos este indicador, neste caso especial, com valor de 1,35 como resultado, que indicará que a equipe levou cerca de 35% de tempo a mais que o estimado para executar a tarefa. Nada de errado, apenas neste caso especial levamos 35% mais do que o estimado.

Mas deveremos considerar que se em média levarmos sempre mais tempo do que o estimado, o valor indicado de Backlog está indicando um valor menor que o mais provável, ou seja, está errado para menos. Nada demais, mas será que poderemos usar um valor mais próximo da realidade?

6.18.13.2 – Correção do Indicador de Backlog

Relembrando o que foi indicado acima: quando estimamos a duração da tarefa, indicamos que provavelmente usaremos um tempo de duração para a tarefa e uma quantidade de mão-de-obra de diversas especialidades por algum tempo, onde, a quantidade de mão-de-obra de cada especialidade multiplicada pela duração estimada da tarefa de sua especialidade fornecerá o valor da força de trabalho de cada especialidade.

Este total, ou melhor, toda a força de trabalho usada nas diversas especialidades, somadas, fornecerão o total de força de trabalho estimado como necessário para a conclusão da Ordem de Serviço, que chamamos HHES e é a força de trabalho estimada para execução.

Por ocasião da conclusão da O.S. chamamos de HHES a força de trabalho real de execução, e efetuarmos uma operação de divisão, dividindo um pelo outro, teremos um indicador que mostrará se, naquela ordem em especial, estimamos para mais ou para menos o tempo de execução.

Associado a cada Programador ou cada Planejador ou Estimador um código deste profissional, no banco de dados, e a cada equipe um outro código poderemos saber o fator de correção adequado para cada estimador e para cada encarregado ou equipe.

Como, para obter a média, não podemos nos basear apenas em um valor, faça o computador efetuar o cálculo de todas as O.S.

Ao final do mês teremos um fator de correção médio para cada estimador e equipe, o que poderá nos orientar na interpretação do Backlog.

6.18.13.3 – Exemplo

Veja um pequeno exemplo de execução das mesmas tarefas por equipes diversas, onde cada linha é referente a cada O.S.. Neste caso especial vamos fazer de conta que o programador planejador é o mesmo.

Estimado	Equipe "A"			Equipe "B"	
	HHES	HHRE	ALFA	HHRE	ALFA
O.S. 1234/03	100	125	1.25	90	0.90
O.S. 1236/03	96	100	1.04	95	0.98
O.S 1345/03	110	98	0.89	92	0.83
	306	323	1.06	277	0.90

Como foram as mesmas tarefas, podemos dizer que temos um problema na equipe "A", talvez treinamento ou supervisão fraca e que a equipe "B" é mais eficiente. Em média a equipe "A" leva um total de seis por cento a mais do estimado e a equipe "B" leva cerca de 10% a menos do estimado. Se houvesse um backlog de 25 dias para cada equipe poderíamos afirmar que a equipe "A" levará cerca de 26,5 dias para cumprir as tarefas, enquanto a equipe "B" levará cerca de 22,5 dias (mesmas tarefas, mesmos recursos e mesma qualidade final).

O raciocínio pode ser montado para todos os programadores vários estimadores e várias equipes. Obteremos um fator de correção para cada equipe e para cada estimador. O produto dos fatores (estimador x equipe) dará uma melhor visão do conjunto e de cada comportamento.

6.18.14 – Uma Curva de Backlog Real

O comportamento de uma turma de manutenção poderá ser visto na curva a seguir, obtida no Backlog semanal desde a implantação do Sistema de Manutenção em 1977 até a data de fevereiro de 1990.

Capítulo 6 – Indicadores de Mão-de-Obra | **115**

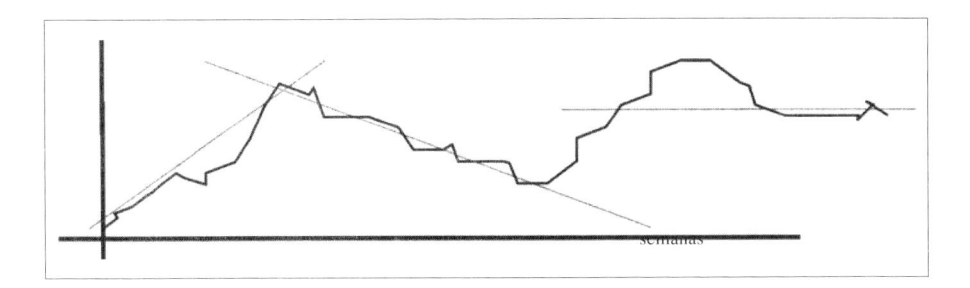

Figura 6.09

O Backlog aumentou nos primeiros meses (semanas 28 a 44), o que poderia ser devido a serviços em demasia ou a pedidos não registrados que com a informatização ficaram documentados. Isto ficou positivado com a estabilização que veio, pois não veio aumento de pessoal. Após o período inicial, houve estabilização entre a semana 44 de 1987 e 16 de 1988. Com novos métodos de trabalho houve redução de Backlog entre as semanas 16 de 1988 e 08 de 1989. Com a saída de alguns empregados, sem reposição houve aumento nas semanas 09 a 13 de 1989, por efeito de fórmula.

Chamamos a atenção que com a implantação do Sistema, após a semana 44 de 1987, iniciamos a fase de programação mais efetiva, com o envolvimento dos encarregados. Houve diminuição lenta nas pendências, e chegamos a seis dias de trabalho na semana 08 de 1988. Tínhamos que reduzir o quadro ou buscar mais serviços. Na ocasião conseguimos aprovar novas medidas e absorver mais tarefas. Após alguns pedidos que nos sobrecarregaram, estabilizamos em uma média de 15 dias até o final do período analisado.

Note a oscilação cíclicas e com período de quatro a cinco semanas após a semana 12 de 1988, devido a vícios introduzidos no Sistema de mão-de-obra. Os programadores utilizavam a pratica de registrar uma O.S. por mês para serviços repetitivos. Faziam a estimativa para todo o mês. Assim, o backlog oscilava entre um máximo no início do mês até um mínimo no final do mês.

Na semana 14 de 1989 houve um aumento insuportável para 31,2 dias devido a novas tarefas que nos propusemos. Todos pediram tudo em um tempo só. Usamos apoio externo.

Na semana 20 estávamos de volta a normalidade com mais tarefas e com uma equipe mais produtiva quando então notamos a oscilação cíclica a que nos referimos. Os métodos de trabalho dos programadores foram mudados.

6.18.15 – Backlog Medido em Percentual

Alguns programas especializados para Planejamento e Controle de Manutenção medem Backlog em percentual. Medem em percentual de Ordens de Serviço não executadas.

A nosso ver é um equivoco pois este percentual não indica quanto estamos devendo em tempo efetivo para executar as tarefas.

O mais curioso é que indicam Backlog positivo quando não são atendidas algumas O.S. e um Backlog negativo quando atendem mais que o existente. Outros programas indicam algo parecido.

6.19 – Sugestão sobre Modo de Apresentar Backlog em Relatório

Um relatório onde for apresentado este indicador deveria sempre conter, no mínimo, os seguintes dados usando a tabela a seguir, citadas como exemplo:

Final do mês de agosto:

os	abertura	hoje	idade	hhes	HHDI	backlog
1498/02	02-fev-02	10-set-03	585	320		em dias
1234/03	01-fev-03	10-set-03	221	140		
1343/03	01-mar-03	10-set-03	193	110		
1348/03	04-mar-03	10-set-03	190	250		
1456/03	14-mai-03	10-set-03	119	200		
1489/03	20-jun-03	10-set-03	82	15		
1490/03	10-jul-03	10-set-03	62	120		
1508/03	25-jul-03	10-set-03	47	35		
1515/03	03-ago-03	10-set-03	38	42		
1545/03	15-ago-03	10-set-03	26	123		
			156,3	1355	320	4,23438

Figuras 6.10

Final do mês de setembro:

os	abertura	hoje	idade	hhes	HHDI	backlog
1234/03	01-fev-03	10-out-03	251	140		
1343/03	01-mar-03	10-out-03	223	110		
1348/03	04-mar-03	10-out-03	220	250		
1456/03	14-mai-03	10-out-03	149	200		
1489/03	20-jun-03	10-out-03	112	15		
1490/03	10-jul-03	10-out-03	92	120		
1508/03	25-jul-03	10-out-03	77	35		
1515/03	03-ago-03	10-out-03	68	42		
1545/03	15-ago-03	10-out-03	56	123		
1562/03	02-set-03	10-out-03	38	112		
			138,667	1035	320	3,23438

Figura 6.11

Não esquecer que se estivermos usando um programa especializado para planejamento e controle de manutenção esta tabela de planilha não existirá pois estes valores fazem parte do banco de dados do programa especializado e estará acessível através de rotina própria existente no programa para calcular estes valores. As planilhas foram aqui coladas para melhor visualização dos valores.

Capítulo 6 – Indicadores de Mão-de-Obra | 117

6.19.1 – Sugestão de Relatório de Backlog

BACKLOG de 3,23 dias, formado por 10 Ordens de Serviço por atender, com tempo estimado de execução de 1035 HHES, com uma idade média das Ordens de Serviço de 138,7 dias onde a mais antiga é de 02 de fevereiro de 2003, ou seja, 250 (duzentos e cinqüenta dias de espera).

Coloque a seguir o gráfico do Backlog medido em dias de atraso.

6.19.2 Gráficos do Backlog:

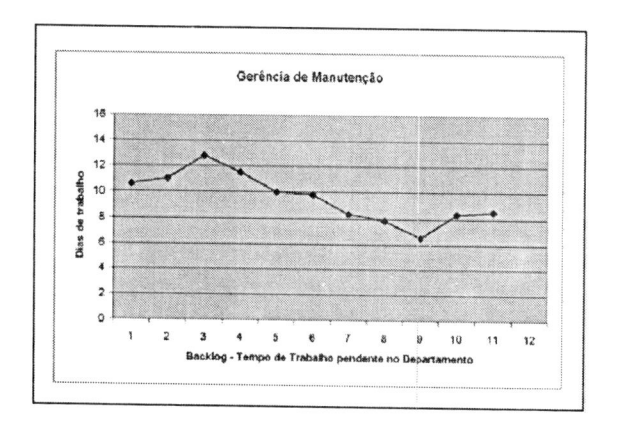

Figura 6.12

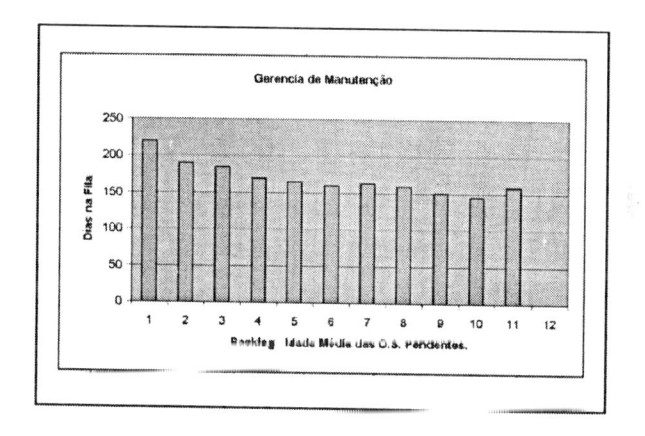

Figura 6.13

Após estes gráficos, em seu relatório, faça sempre alguns comentários.

Capítulo 7

Indicadores Financeiros da Manutenção

7.1 – Introdução aos Indicadores Financeiros

Os índices aqui apurados visam informar ao administrador onde está sendo despendido o capital.

Deve-se ter em conta que uma boa manutenção é responsável pelos gastos que efetua. Assim se for uma equipe perdulária, os custos de manutenção serão altos. Se for por demais ávara, poderemos ter problemas de paradas freqüentes devido à má qualidade de sobressalentes ou de deficiência de mão de obra, em quantidade ou em qualidade. No entanto, deve ser dada atenção ao fato de que ainda que a manutenção esteja bem dirigida, e se os operadores dos equipamentos não dispensam cuidados que são importantes à máquina, o custo será sempre maior que o indispensável.

No caso citado acima o investimento em treinamento de operadores deverá resolver a situação facilmente pois o simples controle de despesas efetuado pela equipe de manutenção não conduzirá a nada.

A solução é treinar e conscientizar o pessoal, não só da operação como também da manutenção, o que é bem notório na filosofia japonesa do TPM, conforme descrito no capítulo 05.

Conforme se está notando existe uma grande quantidade de índices de custo, que, em nosso entender, devem estar sempre prontos para serem divulgados, mas de um modo geral, deve haver divulgação sistemática apenas de alguns.

Apesar da imensa quantidade de indicadores que podem ser calculados, sabemos que nenhuma empresa irá usar todos. Na realidade, dentro de sua estratégia de gerenciamento, escolha alguns que lhe auxiliem a entender o que se passa e a lhe mostrar uma direção a seguir, dentro das ,metas de sua organização.

Ao final deste trabalho existe um anexo onde são discutidas as diversas interpretações e divisões de custos, como custo fixo, variável, custo direto e indireto etc.

7.2 – Custo Total de Manutenção

7.2.1 – Finalidade
Conhecer o total gasto em manutenção e pela manutenção.

7.2.2 – Fórmula
CMNT = somatório de todas as despesas e gastos de manutenção, tanto de pessoal próprio como de pessoal contratado, tanto de materiais técnicos e administrativos como sobressalentes e lubrificantes, incluindo máquinas alugadas e despesas de deslocamento para atendimentos, estudos, treinamento e etc.

7.2.3 – Período de Apuração
Recomenda-se que o CMNT seja apurado sempre que necessário e no mínimo semestralmente. Para as empresas que possuem processamento de dados integrado, onde o controle de almoxarifado e de pessoal é integrado, o índice deve ser levantado mensalmente, quando for feito o fechamento das contas mensais da empresa.

7.2.4 – Comentários
Deve-se tomar cuidado ao comparar este valor com os de outra empresa, sem que se saiba como é feita a apropriação de custos na outra empresa. Já estive numa empresa em que os custos de manutenção eram apurados na conta "manutenção", os custos de produção apurados na conta "produção" mas os custos de subcontratados eram apurados em conta separadas. Isto quer dizer que as contas de terceirizados não eram somadas nas contas manutenção.

7.3 – Custo de Manutenção por Unidade Produzida

7.3.1 – Finalidade
Conhecer o quanto a manutenção influi no preço final da unidade de produto acabado.

7.3.2 – Fórmula
CMUP = Custo de manutenção por unidade produzida.

$$CMUP = \frac{CMNT}{\text{Total de unidades produzidas}}$$

7.3.3 – Período de Apuração
Recomenda-se que este índice seja apurado junto com a apuração do índice CMNT, 8.2.

7.3.4 – Comentário
As fábricas que produzem toneladas de produto deverão indicar este índice como "Custo por Tonelada Produzida ou Processada". As que engarrafam bebidas poderiam indicar por litro engarrafado ou metro cúbico engarrafado. As que transportam poderiam indicar por unidade transportada (passageiro, litro, metro cúbico, tonelada, barril, etc.) ou por quilômetros rodado. As empresas de aviação indicariam por "hora de avião em vôo" ou por passageiro transportado. E assim por diante.

7.3.5 – Cuidados Especiais
Como as quantidades produzidas podem variar, e variam, sem que a Manutenção tenha controle sobre isto, corre-se o risco de imputar a responsabilidade deste indicador à manutenção sem que ela tenha poder para interferir diretamente nos resultados. Se nenhuma decisão da manutenção, ou se uma decisão da manutenção pouco irá influenciar o resultado do indicador, porque é que este indicador deverá ser apenas da responsabilidade da equipe de manutenção?

Os exemplos típicos de condições desfavoráveis são: operadores mal treinados que usam mal, operadores mal intencionados que quebram o equipamento deliberadamente, metas de produção que sobrecarregam os equipamentos, etc.

7.4 – Custo de Manutenção por Faturamento Bruto

7.4.1 – Finalidade
Conhecer a parcela das despesas de manutenção e da Manutenção no faturamento da empresa.

7.4.2 – Fórmula
CMFB = Custo de Manutenção por Faturamento bruto

$$CMFB = \frac{CMNT}{\text{Faturamento bruto da Empresa}}$$

7.4.3 – Período de Apuração
Recomenda-se um período igual ao período no qual a empresa fecha os períodos de apuração de sua contabilidade.

7.4.4 – Comentários

Como faturamento bruto entendemos o valor bruto de todas as entradas de capital, devido vendas no período. Não esquecer que firmas prestadoras de serviço vendem "serviço". Para os especializados, é a entrada de capital devido a atividade fim. Resultado de aplicações financeiras, ou outras entradas que não sejam a atividade fim da empresa não devem ser computadas.

7.4.5 – Cuidados Especiais

Os mesmos feitos no indicador acima.

7.4.6 – Gráfico de Visualização

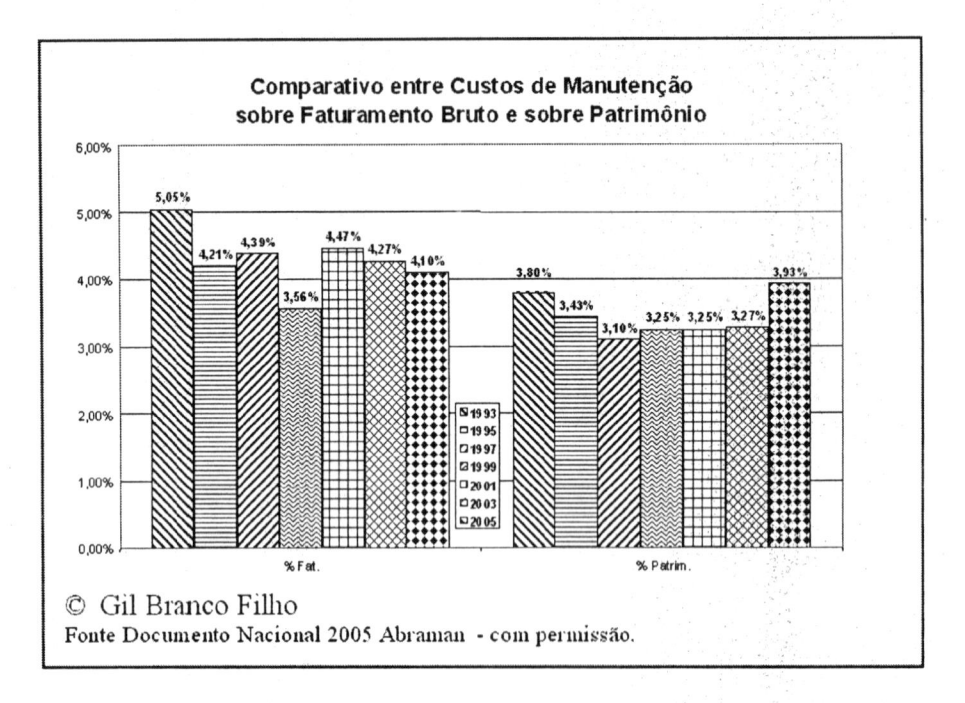

Figura 7.01

7.5 – Custo de Manutenção sobre Investimento Total

7.5.1 – Finalidade

Conhecer a influência dos gastos de e da Manutenção no total de capital investido, para determinação deste fator em novos projetos e para determinar a obsolescência da unidade.

7.5.2 – Fórmula

CINT = Custo sobre o Investimento Total

$$\text{CINT} = \frac{\text{CMNT}}{\text{Custo total do Investimento}}$$

7.5.3 – Período de Apuração

Recomenda-se um período igual ao período no qual a empresa fecha períodos de apuração de sua contabilidade.

7.5.4 – Cuidados Especiais

Os mesmos feitos no indicador acima.

7.6 – Custo do Pessoal da Manutenção

7.6.1 – Finalidade

Conhecer o total despendido com os salários e demais encargos do pessoal que trabalha em manutenção.

7.6.2 – Fórmula

CPMN = custo de salários mais benefícios e outras importâncias pagas ao pessoal da manutenção no período em análise. CPMN representa o quanto, em moeda corrente, que foi gasto no HHTE, ou seja a folha de pagamento dos <u>executantes</u> de manutenção.

7.6.3 – Período de Apuração

Recomenda-se um período igual ao período no qual a empresa fecha períodos de apuração de sua contabilidade.

7.6.4 – Comentários

Este índice deveria ser apurado não apenas para o pessoal de manutenção mas para todas as equipes e turmas que compõem a indústria, para se ter informação e poder atuar, caso haja desvio dos valores médios de outras empresas congêneres.

7.7 – Custo Relativo do Pessoal de Execução

O índice acima, se dividido pelo total da folha de pagamento da manutenção dará a relação de folha de executantes pela folha total de Manutenção.

7.7.1 – Finalidade

Determinar a razão de dispêndio entre executantes e o total do pessoal da manutenção.

7.7.2 – Fórmula

$$CPEM = \frac{CPMN}{FOPAG\ MANUT}$$

7.7.3 – Período de Apuração

Recomenda-se um período igual ao período no qual a empresa fecha períodos de apuração de sua contabilidade.

7.7.4 – Comentários

Demonstra ao administrador o percentual despendido com o pessoal executante que compõe a equipe de manutenção.

7.8 – Custo do Pessoal Disponível

7.8.1 – Finalidade

Serve para indicar o custo da mão de obra disponível para trabalho. A diferença entre **CPMN** e **CHMN** nos dá quanto custaram as férias, faltas, atrasos etc.

7.8.2 – Fórmula

CPDI = Custo do HHDI

7.8.3 – Período de Apuração

Recomenda-se um período igual ao período no qual a empresa fecha períodos de apuração de sua contabilidade.

7.9 – Custos do Hh em Atividades Extra Manutenção

7.9.1 – Finalidade

Serve para indicar o custo do pessoal de manutenção em atividades que não são atividades de manutenção. Ver definição de HHEM e PTEM.

7.9.2 – Fórmula
CEMN = CPDI x PTEM

7.9.3 – Período de Apuração
Recomenda-se um período igual ao período no qual a empresa fecha períodos de apuração de sua contabilidade.

7.10 – Custo do Hh Total em Manutenção

7.10.1 – Finalidade
Serve para indicar o custo do pessoal que forma a equipe de manutenção, em atividades de manutenção. Como sabemos a manutenção desenvolve várias atividades que não são apenas manutenção. Estas atividades variam de empresa para empresa.

7.10.2 – Fórmula
CHMN = CPMN – CEMN

7.10.3 – Período de Apuração
Recomenda-se um período igual ao período no qual a empresa fecha períodos de apuração de sua contabilidade.

7.11 – Custo das Horas de Manutenção Preventiva

7.11.1 – Finalidade
Serve para indicar quanto foi despendido no pagamento do pessoal envolvido em atividades de preventiva.

7.11.2 – Fórmula
CHMP = CHMN x PTMP

7.11.3 – Período de Apuração
Recomenda-se um período igual ao período no qual a empresa fecha períodos de apuração de sua contabilidade.

7.12 – Custo das Horas de Manutenção Corretiva

7.12.1 – Finalidade
Serve para indicar quanto foi despendido no pagamento do pessoal envolvido em atividades de corretiva.

7.12.2 – Fórmula
CHMC = CHMN – CHMP
ou ainda
CHMC = CHMN x PTMC

7.12.3 – Período de Apuração
Recomenda-se um período igual ao período no qual a empresa fecha períodos de apuração de sua contabilidade.

7.13 – Custo Unitário da Hora de Manutenção

7.13.1 – Finalidade
Este valor mostra quanto custa, em média, uma hora de cada componente da Manutenção.

7.13.2 – Fórmula

$$\text{CUHM} = \frac{\text{CHMN}}{\text{HHMN}}$$

7.13.3 – Período de Apuração
Recomenda-se um período igual ao período no qual a empresa fecha períodos de apuração de sua contabilidade.

7.13.4 – Dimensional do Índice
A relação é dimensional e estará indicada na unidade monetária por Homem.hora trabalhado em manutenção. Convém ressaltar que aqui o custo é apenas o do pessoal envolvido em manutenção, pois o outro componente do custo, o material e o sobressalente utilizado, não esta considerado. Com pequena variação poderemos calcular o valor para Hh de cada equipe que compõe a manutenção desde que saibamos o Hh total da equipe. O restante seria regra de três. Uma aproximação pois as equipes possuem profissionais com salários diferentes entre si.

7.14 – Custo Unitário da Hora de Manutenção Preventiva

7.14.1 – Finalidade
Serve para indicar o custo médio da hora de manutenção preventiva ou, se preferirmos, quanto custo cada hora despendida em atividades de manutenção preventiva.

7.14.2 – Fórmula

$$CUMP = \frac{CHMP}{HHMP}$$

7.14.3 – Período de Apuração
Recomenda-se um período igual ao período no qual a empresa fecha períodos de apuração de sua contabilidade.

7.15 – Custo Unitário da Hora de Manutenção Corretiva

7.15.1 – Finalidade
Serve para indicar o custo médio da hora de manutenção corretiva ou, se preferirmos, quanto custou cada hora despendida em atividades de manutenção corretiva.

7.15.2 – Fórmula

$$CUMC = \frac{CHMC}{HHMC}$$

7.15.3 – Período de Apuração
Recomenda-se um período igual ao período no qual a empresa fecha períodos de apuração de sua contabilidade.

7.16 – Custo do Material Gasto em Manutenção

7.16.1 – Finalidade
Fornecer o total despendido em material nas atividades de manutenção. Considerar que aqui não são computados os gastos em sobressalentes.

7.16.2 – Fórmula

CMMN = custo do material gasto em atividades de manutenção

7.16.3 – Período de Apuração

Recomenda-se um período igual ao período no qual a empresa fecha períodos de apuração de sua contabilidade.

7.17 – Custo dos Materiais Gastos em Manutenção Preventiva

7.17.1 – Finalidade

Fornecer o total despendido em material nas atividades de manutenção preventiva. Considerar que aqui não são computados os gastos em sobressalentes.

7.17.2 – Fórmula

CMMP = soma das despesas em material gasto em manutenção preventiva

7.17.3 – Período de Apuração

Recomenda-se um período igual ao período no qual a empresa fecha períodos de apuração de sua contabilidade.

7.18 – Custo dos Materiais Gastos em Manutenção Corretiva

7.18.1 – Finalidade

Fornecer o total despendido em material nas atividades de manutenção corretiva. Considerar que aqui não são computados os gastos em sobressalentes.

7.18.2 – Fórmula

CMMC = custo dos materiais gastos em atividades de manutenção corretiva

7.18.3 – Período de Apuração

Recomenda-se um período igual ao período no qual a empresa fecha períodos de apuração de sua contabilidade.

7.19 – Custo de Sobressalentes Gastos em Manutenção Preventiva

7.19.1 – Finalidade
Indicar a totalidade das despesas em aquisição de sobressalentes utilizados em tarefas de manutenção preventiva.

7.19.2 – Fórmula
CSMP = soma dos custos de sobressalentes utilizados em tarefas de manutenção preventiva.

7.19.3 – Período de Apuração
Recomenda-se um período igual ao período no qual a empresa fecha períodos de apuração de sua contabilidade.

7.20 – Custo de Sobressalentes Gastos em Manutenção Corretiva

7.20.1 – Finalidade
Indicar a totalidade das despesas em aquisição de sobressalentes utilizados em tarefas de manutenção corretiva.

7.20.2 – Fórmula
CSMC = soma dos custos dos sobressalentes utilizados em corretivas.

7.20.3 – Período de Apuração
Recomenda-se um período igual ao período no qual a empresa fecha períodos de apuração de sua contabilidade.

7.21 – Custo de Manutenção Total

7.21.1 – Finalidade
Indicar quanto foi gasto em manutenção no período analisado.

7.21.2 – Fórmula
CMNT = CMMN + CSMN + CHHM

7.21.3 – Período de Apuração
Recomenda-se um período igual ao período no qual a empresa fecha períodos de apuração de sua contabilidade.

7.22 – Custo Percentual da Hora de Manutenção Preventiva

7.22.1 – Finalidade
Indicar o custo percentual da hora de manutenção preventiva.

7.22.2 – Fórmula

$$CPHP = \frac{\text{custo do Hh em manutenção preventiva}}{\text{custo total do Hh da manutenção}}$$

7.22.3 – Período de Apuração
Recomenda-se um período igual ao período no qual a empresa fecha períodos de apuração de sua contabilidade.

7.23 – Custo Percentual da Manutenção Preventiva

7.23.1 – Finalidade
Indicar o custo da manutenção preventiva que pode ser calculado em relação a custos totais incluindo-se material e perda de produção, se os dados forem disponíveis.

7.23.2 – Fórmula

$$CPMP = \frac{\text{custo total da preventiva}}{\text{custo total da manutenção}}$$

7.23.3 – Período de Apuração
Recomenda-se um período igual ao período no qual a empresa fecha períodos de apuração de sua contabilidade.

7.24 – Custo Percentual da Manutenção Corretiva

7.24.1 – Finalidade
Indicar o percentual de custos de manutenção corretiva em relação a um custo total. Pode ser calculado tanto do custo de Hh como do custo total se os componentes são conhecidos.

7.24.2 – Fórmula

$$CPMC = \frac{\text{custo (Hh ou total) da corretiva}}{\text{custo total (Hh ou total) da manutenção}}$$

7.24.3 – Período de Apuração
Recomenda-se um período igual ao período no qual a empresa fecha períodos de apuração de sua contabilidade.

7.25 – Custo das Horas em Treinamento

7.25.1 – Finalidade
Este indicador demonstra, em termos absolutos, quanto, em moeda corrente, foi gasto em treinamento, na manutenção a na operação, na empresa, desde uma data ou neste ano fiscal.
Este indicador deve incluir apenas o custo das horas dos empregados.

7.25.2 – Modo de Cálculo
CHTR= (total do custo das horas de treinamento dos colaboradores no período considerado.)

7.25.3 – Período de Apuração
O recomendado é apuração anual, mas pode ser considerado qualquer outro período.
Pode-se também informar o total treinado desde certa data.

7.26 – Percentual de Custo em Treinamento na Manutenção

7.26.1 – Finalidade
Este indicador demonstra, em termos relativos, quanto, em relação a uma variável qualquer (folha de pagamento ou previsão orçamentária), foi gasto em treinamento, na manutenção, ou na operação, ou na empresa, desde uma data ou neste ano fiscal.

7.26.2 – Modo de Cálculo
PCTR= (total do custo de treinamento dos colaboradores treinados no período considerado dividido pela variável considerada).

7.26.3 – Período de Apuração
O recomendado é apuração anual, mas pode ser considerado qualquer outro período.

7.27 – Custo das Ferramentas Especiais

7.27.1 – Finalidade
Informar ao administrador o valor, em unidades monetárias, das ferramentas especiais existentes.

7.27.2 – Modo de Cálculo
Somar as importâncias gastas na aquisição destas ferramentas especiais.

7.27.3 – Período de Apuração
O recomendado é apuração anual, mas pode ser considerado qualquer outro período.

7.28 – Custo Total das Ferramentas Existentes na Manutenção

7.28.1 – Finalidade
Informar ao Administrador o que foi gasto em unidades monetárias neste item.

7.28.2 – Modo de Cálculo
Somar as importâncias gastas na aquisição do ferramental.

7.28.3 – Período de Apuração
O recomendado é apuração anual, mas pode ser considerado qualquer outro período.

7.29 – Outros Custos que Podem Ser Calculados
Usando-se a parcela que se deseja com o custo total. Ex.: Custo da Operação que a manutenção efetua, Custo das horas por estar impedido de realizar o serviço.

Observação:
> **Impedimento** é um item inadequadamente chamado de DEMORA. Por isto o pessoal executante reluta em apontá-lo devido ao efeito de ter que admitir que "demorou" a executar. A pessoa mais facilmente admitirá que esteve impedida de cumprir a tarefa.

7.30 – Atenção

Evidentemente diversos outros índices de custo podem ser calculados.

Recomendamos que a divulgação seja apenas de alguns, que irão variar de acordo com a finalidade e com o escalão a que se destina.

Ao solicitante dos serviços apenas o custo da Ordem de Serviço.

Ao gerente de uma Área o Custo da área como um todo e o custo das Ordens de Serviço maiores que certo valor.

Ao Diretor Industrial informaremos o Custo Por Unidade de Produção, e o Custo das Gerências que compõem a Diretoria, bem como os custos sobre Faturamento e sobre Investimento para que os dados seja por ele divulgados às outras áreas da Unidade, se julgado conveniente.

Capítulo 8

Indicadores de Gerência de Material

8.1 – Introdução

O índices aqui tratados visam informar ao Administrador e ao Gerente de Manutenção quanto está sendo gasto em material e em sobressalentes pela manutenção, quer seja em atividades de manutenção ou em outras atividades, bem como informar quanto existe em capital empatado nos sobressalentes e em material de uso normal de manutenção, desde que se disponha de uma organização que permita levantar estes custos.

Cuidados ao selecionar dados: deve-se ter atenção ao levantar certos valores, pois certos materiais gastos pela operação e também pela manutenção devem ser apropriados separadamente, afim de que seja possível saber exatamente o que foi consumido por cada equipe. Mesma cautela deve-se ter com qualquer outro material de uso comum, como material administrativo, veículos etc.

8.2 – Sobre os Sobressalentes Recuperados

O sistema de custos deverá permitir que sobressalentes recuperados pela manutenção retornem ao almoxarifado com crédito para a atividade indicada na requisição de saída, e ainda, que o sobressalente entre com o custo corrigido para a nova situação. Deste modo não se deve indicar o preço de um sobressalente como de um novo se ele foi recuperado.

Note que para retornar um sobressalente ao almoxarifado, após recuperado, deve-se ter a garantia de qualidade, para evitar estocar sobressalentes avariados.

Para tanto no caso de contratação para recuperação de seus sobressalentes procure sempre oficinas que tenham uma qualidade assegurada. Evite contratar maus prestadores de serviço.

8.3 – Capital Total Imobilizado em Sobressalentes

8.3.1 – Finalidade
Indicar quanto de capital está imobilizado nas prateleiras do almoxarifado em sobressalentes.

8.3.2 – Fórmula
CIST = total despendido para a aquisição de sobressalentes existentes no almoxarifado.

8.3.3 – Atualização
Deve ser atualizado com a mesma periodicidade que é calculado o custo da manutenção, quando, então, terá deduzido de seu total, a importância indicada como sobressalentes gastos no período, e aumentado com o valor dos sobressalentes que entraram em almoxarifado.

8.3.4 – Comentários
O Administrador deve indicar se irá trabalhar com valores históricos de aquisição ou com valores atuais para usar o mesmo critério em toda a empresa. Existe uma tendência de usar valores atualizados, o que permite que se saiba sempre como estamos agora, realmente.

8.4 – Capital Total Imobilizado em Almoxarifado

8.4.1 – Finalidade
Para indicar o total imobilizado em almoxarifado. Este item pode ser usado para materiais usados pela manutenção como para toda a unidade industrial, e então dará o valor dos itens do Almoxarifado. Deverá ser atualizado permanentemente, até que não mais exista inflação, e alguns itens serão depreciados em função de sua vida útil ou vida de "prateleira".

8.4.2 – Fórmula
CIAT = Capital total imobilizado na aquisição dos itens de almoxarifado.

8.4.3 – Atualização
Pode ser atualizado anualmente ou semestralmente. Os programas corporativos permitem que este item seja mantido atualizado.

8.4.4 – Comentários
O Administrador deve indicar se irá trabalhar com valores históricos de aquisição ou com valores atuais para usar o mesmo critério em toda a empresa. Existe uma tendência de usar valores atualizados, o que permite que se saiba sempre como estamos agora, realmente. O Administrador deve indicar quais itens serão considerados para efeito de depreciação do material. Atenção para os itens de vida curta na prateleira.

8.5 – Capital Percentual Imobilizado em Sobressalentes

8.5.1 – Finalidade
Indicará o percentual do valor dos itens sobressalentes de manutenção de almoxarifado.

8.5.2 – Fórmula

$$CPIS = \frac{CTIS}{CTIA}$$

8.5.3 – Atualização
Na mesma periodicidade de CTIA. Com isto pode ser atualizado anualmente ou semestralmente. Os programas corporativos permitem que este item seja mantido atualizado.

8.5.4 – Comentários
O Administrador deve indicar se irá trabalhar com valores históricos de aquisição ou com valores atuais para usar o mesmo critério em toda a empresa. Existe uma tendência de usar valores atualizados, o que permite que se saiba sempre como estamos agora, realmente.

8.6 – Rotatividade de Sobressalentes

8.6.1 – Finalidade
Indicar ao administrador da Manutenção e de Material e de Finanças, como os sobressalentes estão sendo utilizados durante o ano.

8.6.2 – Fórmula

$$ROTS = \frac{VSUA}{VTSA}$$

Onde, ROTS Rotatividade Sobressalentes.
VSUA Valor dos sobressalentes Usados no Ano
VTSA Valor dos sobressalentes Existentes no Almoxarifado.

8.6.3 – Período de Apuração

Sempre que apurar CPIS (anterior) ou uma vez ao ano, na ocasião da apuração anual dos indicadores da manutenção.

8.6.4 – Comentários

Neste ponto o Administrador deverá informar se pretende trabalhar com valores históricos de aquisição ou se pretende trabalhar com valores atualizados. Considere ainda que alguns sobressalentes depreciam no almoxarifado, ou melhor, degradam fisicamente. O que quer dizer que devem ser descartados e repostos ainda que não usados.

8.7 – Sobressalentes Descartados

8.7.1 – Finalidade

Informar ao Gerente da Manutenção e ao Administrador o total ou melhor, a quantidade de itens descartados ou alienados devido fim de vida útil, obsolescência ou pertencente a equipamentos não mais usados.

8.7.2 – Fórmula

QSDT = somatório de peças que saíram do almoxarifado no critério acima.

Onde QSDT = Total de Sobressalentes Descartados no Período.

8.7.3 – Período de Apuração

Recomenda-se período de apuração anual. Pode ser o somatório de alguns anos para medição em períodos maiores.

8.8 – Valor dos Sobressalentes Descartados

8.8.1 – Finalidade

Informar ao Gerente da Manutenção e ao Administrador o valor total de itens descartados ou alienados devido fim de vida útil, obsolescência ou pertencente a equipamentos não mais usados.

8.8.2 – Fórmula

VSBD = somatório dos valores das peças que saíram do almoxarifado no critério acima.

Onde VSBD = Valor dos de Sobressalentes Descartados no Período.

8.8.3 – Período de Apuração

Recomenda-se período de apuração anual. Pode ser o somatório de alguns anos para medição em períodos maiores.

8.9 – Percentual de Sobressalentes Descartados

8.9.1 – Finalidade
Informar ao Gerente da Manutenção e ao Administrador o percentual de itens descartados ou alienados devido fim de vida útil, obsolescência ou pertencente a equipamentos não mais usados.

8.9.2 – Fórmula
PSBD = (QSDT / QSAT).

Onde,

PSBD = percentual de sobressalentes descartados mais os alienados no período.

QSDT = quantidade de sobressalentes descartados e alienados no período.

QSAT = quantidade de sobressalentes existentes no almoxarifado.

8.10 – Observação
Fazemos notar que na maioria das empresas o controle do almoxarifado não pertence à Manutenção, por isto não estendemos mais o assunto. Se você faz a gerência deste material, ou de seus sobressalentes você deve mantê-los sob controle e calcular seus índices.

Capítulo 9

Relatórios de Manutenção

9.1 – Finalidade e Objetivos

9.1.1 – Definição
Narração ou descrição verbal ou escrita, ordenada e mais ou menos minuciosa, daquilo que se viu, ouviu ou participou. Exposição das atividades de uma administração ou duma sociedade. (Aurélio, 1999).

9.1.2 – Finalidade do Relatório na Manutenção
Informar, ao nível de decisão, o que está ocorrendo sobre determinado assunto.

Assim, os relatórios de manutenção tem como finalidade informar, ao nível de decisão de determinado assunto ou objetivo, o que está ocorrendo com o ativo, como os equipamentos estão se comportando e como estão sendo reparados.

9.1.3 – Objetivo do Relatório na Manutenção
Neste contexto os Relatórios de Manutenção servem para rastrear a performance da Manutenção, a performance da mão de obra, a performance das máquinas e os custos de reparo a cada período determinado, fornecendo dados que permitam o acionamento de medidas para a consecução das metas previstas de performance das maquinas, das metas de produção e da execução da função manutenção.

Os dados expostos no relatório, junto com os indicadores e índices levantados deverão fornecer informação para, dar um noção do histórico dos tempos e dos custos destes reparos, permitir a análise e adoção de medidas de correção, realinhamento de performances, e de descoberta de oportunidades de melhoria da manutenção como um todo.

9.1.4 – Periodicidade do Relatório de Manutenção

Conforme já mencionamos na parte "Manual de Manutenção", os relatórios devem ser feitos periodicamente, e esta periodicidade deve, no Manual de Manutenção, estar estabelecida e deve também estar mencionado quais os assuntos que devem ser reportados ou documentados e em qual grau de profundidade.

Usualmente os relatórios devem ser mensais, ao fechamento do mês calendário, e podem ser usados anualmente ao fechamento do ano administrativo da empresa.

Em situações inesperadas e não usuais os relatórios podem e devem ser feitos com relatos escritos e documentados de situações especiais e anormais, incluindo fotos e alguns outros anexos que documentem e apoiem a descrição para o perfeito entendimento do assunto.

9.2 – Recomendação de Indicadores em Relatórios

Conforme pode ser verificado, existe uma quantidade muito grande de assuntos, eventos e índices que podem ser usados e expostos no corpo do relatório, alguns são altamente desejados, para não dizer obrigatórios e outros valores que, interrelacionados, aumentam a gama de índices que podem ser calculados e expostos.

Recomenda-se que, para uso corrente apenas alguns índices sejam publicados periodicamente.

Evidentemente para cada escalão da empresa existirá um conjunto de índices mais adequado.

Antes de fazer o seu relatório com os Indicadores que você gosta de calcular, e dentro do que expusemos anteriormente, procure saber as suas metas e, com elas devidamente quantificadas e estratificadas exponha os valores obtidos com alguns comentários sobre eventual desvio para menos na performance desejada.

Verifique periodicamente, quais as suas metas e mantenha-se dentro delas, informando ao escalão que irá receber o relatório, os valores obtidos e comentando eventuais desvios. Não esqueça que suas metas são definidas pelo seu plano de trabalho, para ir na direção da necessidade da unidade industrial e são quantificadas pelos Índices de Controle, e que os desvios dos índices de controle serão corrigidos pela sua atuação nos seus índices de verificação.

Por exemplo: Uma disponibilidade abaixo da esperada deverá ser corrigida pela atuação da manutenção no tempo de reparo, dentro de diversas possibilidades que conhecemos, como por exemplo, treinar os colaboradores, usar ferramentas adequadas, modularizar partes de reparo difícil e problemáticas e trocá-las inteiras, instalar facilidades de acesso em locais difíceis, para reduzir o tempo da intervenção e da parada, além de outras variáveis que estão na mão do homem de manutenção.

9.2.1 – Para o Diretor Industrial

Qual a informação que seu diretor deseja e que precisa para acompanhar o desempenho de sua unidade industrial?

Só reunindo com ele e obtendo a informação dele. Usualmente necessitam da seguinte informação.

Capítulo 9 – Relatórios de Manutenção | **143**

9.2.1.1 – Indicadores Usados Mensalmente

CMUP ou Custo da Manutenção por Unidade de Produção (R$/ton. ou US$/ton. ou R$/m3 ou R$/Km rodado, etc.).

CMNT ou Custo de Manutenção Total.

DISP ou Disponibilidade.

OEE ou Eficiência Global dos Equipamentos (mais importantes) ou da linha.

PTOT ou Percentual de Utilização Total da Manutenção.

CTIS ou Custo Total Imobilizado em Sobressalentes.

Deve ficar claro que alguns outros que eventualmente o Diretor necessite devem ser incluídos.

9.2.1.2 – Indicadores para Publicação Anual

QSBD ou Quantidade de Sobressalentes Descartados.

VSBD ou Valor do Sobressalentes Descartados.

Idade média do quadro de mantenedores e tempo para aposentadoria de cargos especiais ou de difícil preenchimento, devido necessidades de treinamento e de amadurecimento do profissional.

9.2.2 – Para os Gerentes de Áreas Produtivas

Do mesmo modo, qual a informação que seu gerente da área produtiva deseja e que precisa para acompanhar o desempenho de sua área ou unidade industrial?

Só reunindo com ele e obtendo a informação dele. Usualmente necessitam da seguinte informação:

9.2.2.1 – Indicadores para Gerentes, Publicação Mensal

DISP, PERF, CMUP, PTOT,

CHMN (Custo das Horas de Manutenção);

CHMP (Custo das Horas de Manutenção Preventiva);

CHMC (Custo das Horas de Manutenção Corretiva) e

CMNT (Custo da Manutenção Total).

9.2.2.2 – Anualmente

QSBD ou Quantidade de Sobressalentes Descartados na área daquela gerência.

VSBD ou Valor do Sobressalentes Descartados, na área de atuação daquela gerência e o valor total descartado em toda a unidade industrial.

9.2.3 – Para o Gerente de Manutenção

9.2.3.1 – Mensalmente

Os anteriores e **BACK** e **CTIS** (Custo Total Imobilizado em Sobressalentes).

9.2.3.2 – Anualmente
QSBD ou Quantidade de Sobressalentes Descartados;
VSBD ou Valor do Sobressalentes Descartados.

9.2.4 – Para os Supervisores de Manutenção
PTEM;
PTME;
PTOT ou Percentual de Utilização Total da Manutenção;
ABSE ou Absenteísmo;
BACK da especialidade e da manutenção;
CTIS ou Custo Total Imobilizado em Sobressalentes, etc.

9.2.5 – Para os Programadores
EFSP, EFEP, PTMP, PTMC, PTME, BACK, CTIS.

9.2.6 – Periodicamente, para os Gerentes
EEPA, CRSP e alguns outros.

Determine em conjunto com os que irão receber os relatórios de manutenção com os índices que são calculados, quais os que eles desejam receber e publique os dados que sejam solicitados sem que falte informação e sobretudo sem que existam dados demais que possam tornar a leitura dos relatórios chata e cansativa.

Capítulo 10

Leitura Complementar

A seguir algumas obras consultadas e que recomendamos a leitura, listadas em ordem alfabética de autores, que com certeza irão ajudar no entendimento dos assuntos aqui abordados.

ABNT – NBR 13533 – 1995 – Coleta de Dados de campo relativos à confiabilidade, mantenabilidade, disponibilidade e suporte à manutenção. (em vigor).

ABNT – NBR 5462 – 1994 Confiabilidade e Mantenabilidade. Terminologia. (em vigor)

ABNT – NBR ISO 8402 – 1994 – Gestão da Qualidade e Garantia da Qualidade. Terminologia. (cancelada em 2000.)

ABRAMAN – Documento Nacional – Distribuído e editado pela Abraman, Associação Brasileira de Manutenção, por ocasião dos Congressos Brasileiros de Manutenção, 1991, 1993, 1995, 1997, 1999, 2001, 2003 e 2005. Sede no Rio de Janeiro ver em www.abraman.org.br.

ARIZA, Cláudio – Organização de Manutenção Eletro-eletrônica; McGraw Hill do Brasil, 1978, 528p.

AURÉLIO – Novo Aurélio Século XXI – O Dicionário da Língua Portuguesa – 5ª Impressão – 2003 – Editora Nova Fronteira. 2128 páginas.

BALDIM, Furnaleto, Roversi, Turco, Manual de Manten. de Instalaciones Industriales, Editorial Gustavo Gilli, S.A. Barcelona, 1982, 392 páginas.

BALDIM, Furnaleto, Roversi, Turco, Manual de Mantenimiento. de Instalaciones Industriales, Editorial Gustavo Gilli, S.A. Barcelona, 1982, 392 páginas.

BANGA, T.R.; Factory Organization, Khana Publishers – Delhi 1982, 386 páginas.

BANGA, T.R.; Industrial Organization and Engineering Economics Banga. Khana Publishers – Delhi – 1981, 752 páginas.

BRANCO Filho, Gil – Dicionário de Termos de Manutenção, Confiabilidade e Qualidade, ABRAMAN – Associação Brasileira de Manutenção, Rio de Janeiro, 2006, 274 páginas.

BRANCO Filho, Gil – Índice de Manutenção – Ferramenta de Gerenciamento, Conferência no VI Congresso Brasileiro de Manutenção, ABRAMAN, 1991, 65 páginas.

BRANCO Filho, Gil – Índices de Manutenção – Sugestão para Padronização, Anais do I Congresso Brasileiro de Manutenção, ABRAMAN-IBP, 1986. Revisado e incluído nesta obra (2006).

BRANCO Filho, Gil – Introdução à Manutenção Centrada em Confiabilidade –Apostila usada no Curso de Gerencia de Manutenção Abraman Regional IV em 1998 e 1999. ABRAMAN, 65p

BRANCO Filho, Gil – Organização e Estrutura da Manutenção – Anais do 25º Seminário de Manutenção, IBP, 1985, revisado para os Cursos de Gerência de Manutenção, Abraman – São Paulo, 1993, 81p. Revisado em 2006 e incluído na apostila do Curso de Planejamento e Controle de Manutenção.

BRANCO Filho, Gil – Um Estudo sobre Backlog, Anais do 24º Seminário de Manutenção, IBP, 1984. revisado para a XXI Convention UPADI 90 Washington DC 1990. Revisado e atualizado e incluído nesta obra (2006).

CARSON e Bolis, Production Handbook, John Wiley & Sons, 1972, 850 páginas.

DEARDEN, J. – The Case of the Disputing Division, The Harvard Business Review, 1977. Edição em português pela Editora Nova Cultural Ltda., São Paulo, 1986, na Coleção Harvard de Administração vol. 4.

FALCONI Campos, Vicente – Gerência da Qualidade Total Estratégia para Aumentar a Competitividade da Empresa Brasileira, 1989, editado por Fundação Christiano Ottoni, 1989, 238 páginas e Bloch Editores, Rio de Janeiro, Brasil, 1990, 187 páginas.

FOURNIERS, Ferdinand F. – Porque os subordinados nunca fazem o que se espera deles? 1988, Makron Books do Brasil, 1991, 110 páginas.

GABRIEL M. e Pymor Y – Maintenance Assisté par Ordinateur, Masson, Paris, 1987, 168 páginas.

HANSEN, Robert C. – Overall Equipment Effectiveness, a Powerful Production / Maintenance Tool for increased Profits, Industrial Press, 2002, 278 páginas.

HEINTZLMAN; John E, The Complete Handbook of Maintenance Management Executive Success Library, Prentice Hall, Englewood, N.J. USA, 1976, 336 páginas

HIGGINS and Morrow; – Maintenance Engineering Handbook; McGraw Hill Book Company; New York; 1980; 530 páginas.

HIGGINS, Handbook of Construction Equipment Maintenance, McGraw Hill Book Company, New York, 1977, 1100 páginas.

HIGGINS, Lindley r. & MOBLEY, R. Keith. – Maintenance Engineering Handbook, sixth edition, McGraw Hill, 2002, 870 páginas.

HOWARD, Finley – Princípios de Otimizacion de Mantenimiento. Curso de Princípios e Reduccion de Custos, The Howard Finley de Venezuela, C.A. 1981, 750 páginas.

IEC 60050 (191) – Terminologia. Norma do Comitê Eletrotécnico Internacional..

JAIN, K.C. e AGGARWAL, L.M. Production Plan. Control and Industrial Management; Khana Publishers – Delhi, 1982, 386 páginas.

KARDEC & NASCIF, – Manutenção, Função Estratégica – Qualitymark Editora Ltda, Rio de Janeiro, 1999, 287 páginas.

KELLY & HARRIS, Administração da Manutenção Industrial edição do Instituto Brasileiro de Petróleo, Rio de Janeiro, 1980, 258 páginas.

KELLY & HARRIS, Management of Industrial Maintenance. Butterworth, England, 1979, 262 páginas.

KELLY, Anthony – Maintenance Planning and Control – Butterworth, England, 1986, 332 páginas.

LEVITT, Joel – Complete Guide to Preventive and Predictive Maintenance, Industrial Press, 2003, 210 páginas.

MATHER, Daryl. – The Maintenance Score Card Creating Strategic Advantage, Industrial Press, 2005, 257 páginas.

MIKAEL & MIKAEL – Maintenance Performance Assessment – Strategies and Indicators – Master's Thesis at Linnkopings Universitet, written at Det Norske Veritas, premiada na Euromaintenance 2004, escrita em, 2002, com 177 páginas.

MONCHY, François – A Função Manutenção: Formação para a Gerencia da Manutenção Industrial – EBRAS – Editora Brasileira Ltda. – São Paulo, 1989, 425 páginas.

MONCHY, François – La Fonction Maintenance: Formation a la Gestion de la Maintenance Industrielle, Masson, Paris, 1987, 450 páginas.

NARAYAN, V. – Effective Maintenance Management Risk and Reliability Strategies for Optimizing Performance, Industrial Press, 2004, 246 páginas.

NEPOMUCENO, L.X. – Manutenção Preditiva em Instalações Industriais, Editora Edgard Blucher, 1985, 522 páginas.

NYMAN & LEVITT, – Maintenance Planning, Scheduling & Coordination, Industrial Press, 2001, 228 páginas.

PALMER, Doc. – Maintenance Planning and Scheduling Handbook, second edition, McGraw Hill, 2006, 823 páginas.

PATTON, Joseph. Maintainability and Maintenance Management ISA – Instrument and Society of America – 1980, 480 páginas.

PÓVOA, L.E. Quitete – Planejamento de Manutenção – Um Estudo de Viabilidade e Organização. Incluídos nos Anais do IV Congresso Ibero Americano de Manutenção, 1987. 10 páginas.

PRIEL, Victor, La Maintenance – Thecniques Modernes de Gestion. Enterprise Moderne d Edition, Paris, 1976, 340 páginas.

RIBEIRO, Haroldo, – Manutenção Autônoma, O Resgate do Chão de Fábrica, Edição em CD, do autor, 2000.

SAE JA -1011 – Norma que indica critérios de avaliação de processos de implantação da Manutenção Centrada em Confiabilidade. (Evaluation Criteria for Reliability Centered Maintenance (RCM) Process. SAE The Engineering Society for Advancing Mobility Land Sea and Space, issued Aug 1999.

SAE JA -1012 – Norma que indica padrões para a implantação da MCC, Manutenção Centrada em Confiabilidade. A metodologia desta norma difere um pouco dos procedimentos sugeridos no MSG-3. (A guide to the Reliability Centered Maintenance (RCM) Standard. SAE The Engineering Society for Advancing Mobility Land Sea and Space, issued Jan 2002).

SEELEY, Ivan H. – Building Maintenance – Macmillan Educational Ltd, 1987, 452páginas.

SEMLER, Ricardo – Virando a Própria Mesa – Uma História de sucesso empresarial. Editora Best Seller, Editora Nova Cultural, 1988, 274p.

TAVARES, Lourival A, – Controle de Manutenção por Computador. JR Editora Técnica Ltda, 1987, 214 páginas.

UNIDO – Introduction to Maintenance Planning in Manufacturing Establishments, O.N.U., New York, 1975, 84p.

UNIDO – Introduction to Maintenance Planning in Manufacturing Establishments, O.N.U., New York, 1975, 84 páginas.

UNIDO – Maintenance and Repair in Developing Countries – Report of the Symposium held um Duisburg, Fed.Rep.of Germany at 10-17/Nov./1970 O.N.U., New York, 1971, 90 páginas.

UNIDO – Maintenance Management Manual –With Special Reference to Developing Countries. ONU, New York, 1994, 335 páginas.

UNIDO – Managing the Development Project – A Training Curriculum – ONU, New York, 1993, 350 páginas.

VALE, Marco Aurélio Paulla, Curso de Otimização de Manutenção Cepuerj – UERJ, 1978, 150 páginas.

WESTERKAMP, Thomas A. – Maintenance Manager's Standard Manual, Prentice Hall, New Jersey, 1997, 850 páginas.

WIREMAN, Terry – Benchmarking Best Practices in Maintenance Management, Industrial Press, 2003, 212 páginas.

WIREMAN, Terry – Developing Performance Indicators for Managing Maintenance. Industrial Pres. 195 páginas.

WIREMAN, Terry – World Class Maintenance Management, Industrial Pres.1990, 172 páginas.